I0408165

www.ingramcontent.com/pod-product-compliance
Lightning Source LLC
Chambersburg PA
CBHW062051280526
45788CB00003B/1198
9781546559511

قوى العقل
والسيطرة عليها

كتاب الباراسايكولوجي الأول

تأليف

سنان الجادر

طبع بموافقة وزارة الإعلام والثقافة في دولة الإمارات العربية المتحدة رقم (1181) في 19 ديسمبر 2005

مقدمة

ان كل البشر يمتلكون القوى غير المنظورة والنابعة من دماغ الإنسان المتطور والغير مكتشف من هذه الناحية إلى الآن. وان هنالك تفاوتا كبيرا بين البشر في مستوى هذه القوى والقدرة على تسخيرها لأداء المهام. وتخضع لعدة عوامل منها حالة الإنسان النفسية ومستوى الإرادة لأداء الفعل ونسبة الطاقة الذهنية اعتمادا على الذكريات الآنية وانشغال الدماغ بأمور منطقية ومشاعر معينة وكذلك بالبيئة المحيطة به.

ومع هذا الكتاب فأننا سوف نحاول أن نوضح الأسس التي تعمل عليها قوى الدماغ هذه ومتى يجب أن نستخدمها؟ وكيف نستطيع أن نسيطر على تفكيرنا بحيث نصل إلى مرحلة زيادة الطاقة الفاعلة لقوى الدماغ أو لقوى الباراسايكولوجي كما يطلق عليها. وسوف نستعرض معظم المهارات الباراسايكولوجية مع بعض التمارين التي تساعد في زيادة فاعليتها ومقدرتنا في أدائها.

اهداء

أهدي هذا الكتاب لكل المؤمنين والمدركين لأهمية وخطورة علم الباراسايكولوجي وعسى ان يسهم في زيادة معلوماتهم وتحكمهم بالقدرات الخارقة اكثر, وكذلك أهديه إلى اولئك السلبيين في الايمان بوجود وتأثير قوى الباراسايكولوجي ليتبينوا من هذا الكتاب الأدلة ولكي يهتدوا إلى الكنز الضائع في الكائن البشري.

المؤلف

الفصل الأول: مبادئ قوى الباراسايكولوجي

- مقدمة حول الباراسايكولوجي (Parapsychology):

وهو العلم الذي يعنى بدراسة الوقائع الخارقة للعقل البشري والغير مستندة على قوانين الطبيعة المعروفة لنا, وبدون تدخل حواس الانسان الخمسة (السمع والبصر واللمس والذوق والشم) في التأثير على هذه العملية.

شكل (1.1) الأبراج الفلكية

ان دراسة علم الباراسايكولوجي قائمة على أسس علمية وبعيدة عن السحر والخرافات والشعوذة وليس لها علاقة بالأجسام الطائرة, أو تأثير القمر والنجوم والأجرام السماوية الأخرى على الانسان كما بحث ذلك في علم التنجيم أو الاسترولوجي (Astrology) وبكلمات محددة فأننا نقول بأننا في علم الباراسايكولوجي سوف نبحث في تأثيرات عقل الانسان (وبدون استخدام حواسه الخمس) في البيئة المحيطة به بما في ذلك نفسه والأناس الأخرين والحيوانات والجماد.

لقد كان استخدام القوى الدماغية لأداء أعمال معينة مسجلا على مر العصور وفي كل الثقافات في العالم, وهي مستمرة بالحدوث إلى الآن ويكفي أن تطلع على تاريخ وعادات أي شعب في العالم لتعرف مقدار أيمانهم بقوى خارقة وغير طبيعية وهيمنتها في حقبة ما على احد الأعمال الأسطورية والخارقة للإنسان أو لبطل تلك الرواية. وقد كان تطور علم الباراسايكولوجي في العهد الحديث من الحركات والممارسات الروحية في بداية القرن التاسع عشر, أما أول من قام بدراسة علم الباراسايكولوجي في القرن العشرين وأجرى تجارب دقيقة وعلمية عليه فهو البروفسور J.B.Rhine في جامعة Duke في الولايات المتحدة في عام 1927 وبعد ذلك وفي منتصف القرن العشرين بدأ سباق محموم بين المخابرات العالمية وخاصة المخابرات الأمريكية (CIA) والسوفيتية (KGB) للسيطرة في هذا المجال واستخدامه لصالحه, وقد كانت المخابرات الأمريكية سباقة وصرفت الملايين من الدولارات على برنامج (Stargate) أو بوابة النجم للرؤيا عن بعد, وحتى ان محاولة اغتيال الرئيس الليبي معمر القذافي في بداية الثمانينات من القرن الماضي كانت مبنية على معلومات من هذا البرنامج وتم قصف المقر الذي يستخدمه ألقذافي مع افراد اسرته للسكن.

أما فوائد واستخدامات قوى الباراسايكولوجي فهي كثيرة ومتعددة وذات فائدة عظيمة في كافة المجالات الحياتية وحتى في تخليد الافكار البشرية بعد فناء الجسد وموت العقل, هذا إذا ما أحسن استخدام هذه القوى.

ويمكن هنا أن نسرد بعض من هذه الفوائد والاستخدامات, فمثلا سوف نتمكن بواسطة قوى أذهاننا من قيادة الأجهزة المختلفة والسيطرة عليها عن بعد وبدون أي اتصال فيزياوي معها وهذه العملية سوف تفيد المعوقين والغير قادرين جسديا كما أنها سوف توفر فرصة عدم المخاطرة بالأرواح البشرية في أثناء أداء مهام خطرة كالعمل في المفاعلات النووية والسفر إلى الفضاء وغيرها, أما الاستخدام الأخر الذي نتأمله لهذه القوى فهو أننا سوف نتمكن من الشفاء من أي خلل أو مرض عن طريق العلاج بالطاقة

الذي يعيد التوازن للخلية المعطوبة كما سوف نأتي لشرح ذلك في فصول لاحقة, كما وأننا وبفضل قوى الباراسايكولوجي سوف نتمكن من معرفة القرارات الصائبة من الخاطئة, وكذلك فأننا سوف نتمكن من أيجاد كل ما هو مفقود من أشياء ثمينة أو أجسام حية ضائعة أو مخطوفة أو من الإجابة على أسئلة محيرة ومهمة وعلى طول الزمان, أو وصف أشياء وأحداث في أماكن بعيدة لا نستطيع الذهاب إليها جسديا بسبب قصور زمانية أو مكانية ونستطيع كذلك أيجاد الكنوز المخبأة في الأرض منذ القدم والتي هي أكثر بكثير من الكنوز المكتشفة لغاية الآن, كما أننا سوف نتمكن من السيطرة في أسواق المال والاستثمارات أو التأثير في رب العمل, ولكن الأهم من هذا كله هو إننا سوف نتمكن من تليين قلب المحبوب الغير مكترث ليكون عاشقا ولهانا في لحظات.

ولقد شهد علم الباراسايكولوجي إقبالا كبيرا ولهفة في جميع الأوساط المثقفة والبسيطة فقد اهتم به الباحثون في علوم الفيزياء والرياضيات بسبب معرفتهم وإطلاعهم على قصور وجهل الإنسان بميادين الفضاء والزمن وانتقال الطاقة والمعلومات, بينما اهتم به ذوي الاختصاصات الطبية كونه يوفر وسيلة جديدة لفهم العالم من حولنا والتحسس به خارج نطاق حواسنا الخمس كما اهتم علماء النفس بهذا العلم لكونه يجمع طاقات الإدراك والذاكرة لدى الإنسان سوية أما الفلاسفة فقد اهتموا به لكون قوى الباراسايكولوجي تخاطب مشاكل فلسفية قديمة قدم الزمن وحديثة بنفس الوقت, وكذلك فأن عامة الناس مهتمون بهذا العلم لأنه يوفر وسيلة للسيطرة والقوة والثروة وتحقيق الرغبات و الأمنيات.

ولو أن التطور التكنولوجي الهائل في وقتنا الحالي لم يتزامن معه ولو عشر يسير في تطوير مهارات وقدرات الإنسان الباراسايكولوجية, فقد أهمل الإنسان مقارنة مع الآلة.

- طاقة الدماغ البشري :

ان عقل الإنسان هو اعقد وأقوى من أي جهاز كومبيوتر خارق في العالم حيث انه يحتوي على عدد غير منتهي من الأفكار والمشاعر والصور والمعلومات والآمال والقدرة على تخيلات غير منتهية في اللحظة الواحدة. فمثلا يتطلب من كومبيوتر متطور من الجيل الجديد مقدارا كبيرا من الذاكرة لتسجيل وحفظ صورة واحدة بدقة تناسب دقة العين البشرية وهذا الحفظ سوف يكون خاليا من ذكر حواس أضافية لدى الإنسان مرتبطة بكل منظر يلاحظه مثل حاسة الشم التي يعجز حتى الآن أي كومبيوتر على موازاتها ولو بشكل بسيط مع قرينتها لدى الإنسان.

ولو أننا سمحنا لهذا الكومبيوتر المتطور بان يسجل كل ما تراه العين البشرية ومن دون التطرق إلى الحواس الأخرى للإنسان التي يعجز الكومبيوتر وأجـــــــــهـــــــــزة

شكل (1,2) الكومبيوتر والإنسان

القياس الحالية عن مجاراتها مثل حاسة اللمس والذوق والشم، فأننا سوف نلاحظ بأن هذا الكومبيوتر الخارق سوف يستمر لبضعة دقائق فقط وبعدها سوف تمتلئ ذاكرته وذلك فقط من الصور والأصوات وبدون أي من الاستنتاجات والتحليلات الدماغية لهذه الصور والمعلومات التي تحتويها، ومن ثم يعجز عن المتابعة والاستمرار فما بالك بالإنسان الذي يسجل كل شيء حوله ومستخدما حواسه الخمس، ويقوم بتحليل واستنتاج المعلومات من كل صورة أو معلومة تدخل إليه وان هذا التسجيل يستمر لسنين طويلة تمتد طيلة حياة الإنسان، حيث أثبتت الدراسات الحديثة بان الإنسان يحتفظ بكامل ذكرياته منذ أن كان طفلا صغيرا ولكن مع قدر معين من النسيان في كل شيء، فالنسيان

11

هو أحدى مزايا الإنسان التي تسمح له بأن يحرر ذاكرته من كل الذكريات والمعلومات القديمة أو ذات الأهمية القليلة ولكن من دون أن يفقد حتى ابسط هذه المعلومات حيث أنها تتحول إلى تفاعلات كيمياوية وتخزن في الذاكرة حسب القدم والأهمية, وان تدريب الدماغ البشري عن طريق أجراء تمارين التذكر التي سوف نقوم بذكر بعض منها في فصل لاحق من هذا الكتاب سوف تعطي ميزة أضافية لتذكر أي معلومات غير ذات أهمية وان كانت قد خزنت منذ فترة طويلة.

ان ميزة عقل الإنسان المهمة تتلخص بقدرته على تحليل واستنتاج المعلومات من مجموعة المعطيات التي تدخل إليه عن طريق حواسه الخمس, فمن الصور التي يشاهدها أو الأصوات التي يسمعها او الأرياح التي يشمها أو الأشياء التي يلمسها والأطعمة التي يتذوقها يستطيع الإنسان أن يحلل ويستنتج المعلومات ويتخيل الصور والأصوات, وإذا ما أردنا أن نصنع جهاز كومبيوتر ملم ولو بقسم قليل من هذه الإمكانيات في التحليل والاستنتاج والتخيل لتطلب منا الأمر عمل برنامج خاص لتحليل أي معلومة أو صورة أو صوت ولسوف يعجز هذا البرنامج عن الاستجابة لدى أي تغير طفيف في أي من المعطيات الداخلة إليه ولتطلب منا الأمر بناء ألاف البرامج المعقدة فقط لمحاكاة مجموعة بسيطة من الأفكار والتصورات والتي قد تراود أي منا خلال ثواني قليلة من التفكير والتأمل.

من كل ذلك نستنتج بأن الإنسان يمتلك أفكار ومشاعر وتأملات وذكريات غير منتهية ولا يمكن قياسها وأنها تخزن بشكل تفاعلات كيمياوية في دماغ الإنسان وبصورة معقدة وحسب الأهمية والقدم وحالة الإنسان في تلك اللحظة نفسيا وجسديا.

و لكن ماذا يحدث لكل هذه الأشياء الكبيرة والعظيمة (الأفكار والمشاعر والصور والمعلومات والآمال والتخيلات), والى أين تذهب عند نهاية حياة الإنسان وهل من الممكن أن تختفي كل هذه الأشياء العظيمة فقط لأنها أشياء غير مادية التكوين أو بتعبير آخر هل لأنه لا توجد أجهزة حاليا لقياس هذا النوع من الطاقة التي تخزن بها أفكارنا ومشاعرنا وذكرياتنا فهل إن هذا يعني بأنها غير مشمولة بقانون حفظ الطاقة

(الطاقة لا تفنى ولا تستحدث)، ولكن بعض الناس وعلى طول التاريخ قد اظهروا بنجاح انهم يستطيعون أن يحولوا الطاقة المنبعثة من الدماغ إلى نوع آخر من الطاقة كما درس ذلك بعلم الباراسايكولوجي. أو بكلمة أخرى فأننا نستطيع القول بان هؤلاء الناس قد اظهروا بأن طاقة الدماغ يمكن أن تتحول إلى نوع آخر من الطاقة الفيزياوية المعروفة كما تتحول الطاقة الكهرومغناطيسية إلى طاقه كهربائيه أو ميكانيكية.

كما وان خزن هذه الأشياء العظيمة لا يكون بشكل كيمياوي في الدماغ فقط وإنما يتعداه بأن يخزن بشكل طاقة خاصة تلازم الإنسان وتعيش معه فكثير من البشر يمكن أبداء حكم أولي عليهم من النظرة الأولى بأن تقرر بكون هذا الشخص ذو حكمة وهذا الإنسان ذكي وآخر حساس وحتى قبل أن يحصل أي تخاطب مع هؤلاء. فأين تكون هذه الطاقة التي تلازم الإنسان طوال رحلة الحياة بل وحتى أن جزء منها يبقى بعد الممات؟

والجواب هو أن هذه الطاقة الصافية تخزن في الهالة المحيطة بالإنسان وهذه الأخيرة تكون مسؤولة عن إعطاء الانطباع الأولي عن ماهية الأشخاص بل وتكون مسؤولة عن تحقيق الكثير من الأشياء الخارقة والتي سوف نأتي على ذكرها لاحقاً. فماذا تكون هذه الهالة؟

- الهالة المعلوماتية للإنسان (The Information Aura) :

ان انتقال الايعازات العصبية في الإنسان يتم بواسطة شحنات كهربائية فيما بين الخلايا العصبية وبينها وبين باقي أعصاب الجسم, وبما أن أي شحنة كهربائية تكون في حالة حركة فأنها سوف تولد حولها مجالاً مغناطيسياً وبالتالي فأن مجموع هذه المجالات سوف يولد هالة حول الإنسان تكون قوتها محصلة لمجموع المجالات المغناطيسية في كل الجسم, ويمكن التحسس بقوة الهالة في بعض الأحيان عندما تكون فعالة وان الهالة تكبر كلما كان الإنسان أكثر ذكاء (لأنه سوف يكون أكثر كفاءة في استخدام عقله ومخيلته كما ان تلافيف المخ عند الإنسان الذكي تكون أكثر تعقيداً وكذلك وزن الدماغ وعدد الخلايا العصبية يكون اكبر), كما وان الهالة تكبر عندما يكون الإنسان في حالة من الهدوء والسكينة الداخلية وكلما كان أكثر حكمة وتجارب وان يكون في حالة جسم صحي وخالي من الأمراض التي تجعل الجسم يستهلك معظم طاقته في جهازه المناعي وبالتالي تقلل حجم الهالة.

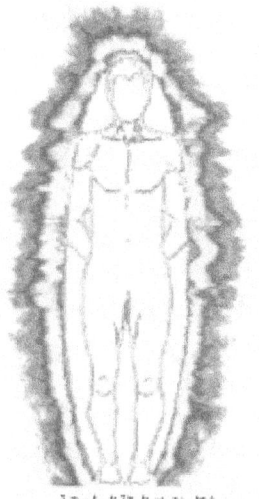

شكل (1.3) الهالة المعلوماتية

كما وان جزءا كبيرا من الـذكريات والأفكار والمشاعر البشرية سوف تخزن بهذه الهالة المحيطة بالإنسان لتكوّن الهالة المعلوماتية ولتقوم بحفظ كل هذه الأشياء العظيمة ومن ثم تخضع هذه الهالة لتفسير وتحليل دماغ الإنسان المسيطر عليها بحيث انه يستطيع أن يستخرج منها أفكارا غير منتهية ومستندة علـى الـذكريات والمـشاعر المخزونة فيها.

14

وان وضعية الهالة المحيطة بالجسم تدل على مقدار وقوة الطاقة الفاعلة أو ضعفها وان هذه الطاقة الفاعلة هي التي تتحول إلى طاقة باراسايكولوجية لأداء عمل معين وهي نتيجة الموهبة الفطرية للإنسان ويمكن أن تصقل بالتدريب والمثابرة وكذلك فأن تحرير هذه الطاقة يتأثر بالحالة النفسية والجسدية للإنسان وبالظروف الأخرى المحيطة به في تلك اللحظة كالبيئة والوسط الذي يعيش فيه, كما وان الإنسان بعد أن يحرر هذه الطاقة فأنه سوف يشعر بالتعب والوهن والإرهاق مثلما يشعر به بعد أدائه التمارين الرياضية العنيفة أو بعد قراءة علمية عميقة إلا أن الفرق هو كون الطاقة التي تصرف بحالة الأداء الباراسايكولوجي تكون اكبر مما يؤدي إلى شعور بالتعب أكثر من الرياضة أو الدراسة العلمية المستفيضة.

فمثلا تقوم بتذكر شخص ما بصورة مفاجئة وإذا به فورا يتصل بك هاتفيا أو يحظر للقاؤك, والسبب في ذلك هو إن الطاقة العقلية (الباراسايكولوجية) لهذا الشخص قد اتصلت لا اراديا بك وبواسطة أيعاز من عقلك المستعد في تلك اللحظة تم استخلاص ذكريات هذا الشخص من الهالة المحيطة بك, أو إن العكس قد حصل فقام عقلك النشط بإرسال طاقة فكرية لتتحسس من الذي يفكر بك في تلك اللحظة وعند عودة الجواب تمت ترجمته في العقل إلى ايعازات وأوامر بنفس صيغة معلومات الهالة ومن ثم أرسلت هذه الايعازات إلى الهالة المعلوماتية المحيطة بك لمقارنته مع كل الذكريات والأفكار والمشاعر المخزونة هناك لتظهر لك أخيرا معلومات وأية أفكار عن هذا الشخص الذي كان ينوي الاتصال بك فيخطر على بالك فورا وقبل أن يتصل بك.

ان عقلنا يقوم بحفظ جزء كبير من ذكرياته وأفكاره ومعلوماته في هذه الهالة لتكون اقرب إلينا من الذكريات المخزونة بصيغتها الكيمياوية في خلايا الذاكرة العصبية وبالتالي فهي سوف توفر للدماغ حيزا كبيرا من المرونة للتحرك بالأفكار ودمجها مع الذكريات والتحليلات الآنية وبالتالي تسهيل ارسال واستقبال الإشارات الباراسايكولوجية, وكذلك فأن حفظ المعلومات في الهالة سوف يساعد في مزيد من

التوثيق لها وفي بقائها بعد فناء الأجزاء المادية من الدماغ والجسد البشري كونها سوف تحول المعلومات إلى نوع من الطاقة الخالدة والتي لا تفنى بالزمن, ويمكن مشابهة طريقة خزن الأفكار والذكريات والمعلومات في الهالة المعلوماتية المحيطة بنا مع كيفية خزن المعلومات في الأقراص المغناطيسية المستخدمة في الكومبيوتر وكيف انه يتم حرق هذه المعلومات بواسطة الليزر لتطبع وتوثق فيها, إلا أننا لا نستطيع حقاً أن نقارن كفاءة عملية خزن المعلومات بواسطة المجالات المغناطيسية للهالة مع عملية الخزن للمعلومات في الأقراص المغناطيسية وذلك لان العملية في حالة المجالات المغناطيسية للهالة تكون اعقد وأكثر كفاءة بملايين المرات بسبب احتواء المجال المغناطيسي على عدد غير منتهي من خطوط الفيض المغناطيسي وتتغير مسارات هذه الخطوط وطولها وشدتها تبعا لتحرك الشحنات الكهربائية بين الخلايا العصبية ومنها إلى باقي الأعصاب في الجسم وان الفرق عن النسخ بالليزر هو ان المعلومات تبث في الهالة ضمن طاقة ونظام خاص يقوم به الدماغ لكي تستقر نهائياً هناك.

و بالإضافة إلى فوائد الهالة التي ذكرناها بتوفير المرونة للعقل وبتوثيق المعلومات إلى الأبد, فان اهم ميزة لها هو أنها سوف تقوم بعملية بث واستقبال الطاقة الدماغية (الباراسايكولوجية) الحاملة للأفكار والأشياء المراد عملها وفي كل الاتجاهات والأزمان, وبذلك فهي تقوم مقام الهوائي أو الاريل (Antenna) الذي يقوم بالإرسال والاستقبال في كل أجهزة الاتصالات والأجهزة التي تتعامل مع الإشارات المحملة على طاقة كهرومغناطيسية.

وان الشعور بهالة الإنسان المعلوماتية يتجسد أكثر في الأشخاص الذين بترت احد أطرافهم أو الذين فقدوا احد أعضائهم, فهم يستمرون بالشعور بوجود هذا العضو أو الطرف المبتور ولفترة طويلة من الزمن بعد فقدانه والى أن يقوم العقل الواعي والمنطقي بإقناع باقي الجسم بعملية الفقدان وبالتالي يتعلم الشخص المبتور إهمال الإشارات القادمة بوجود الهالة حول العضو المفقود. كما ويجب التفريق بين هالة

الإنسان المعلوماتية والتي نتكلم عنها هنا وهالته الحرارية والتي تنشأ كنتيجة لعمليات الأيض الغذائي في تغذية وسحب الفضلات من خلايا الجسم, والتي عادة ما يلجا الباحثون في علم الباراسايكولوجي إلى تصويرها مستخدمين الكاميرات الحرارية ويخلطون بينها وبين الهالة المعلوماتية, وان الهالة الحرارية موجودة في الحيوانات كما في الإنسان.

لقد تعلم العقل البشري كيفية التواصل مع الهالة المعلوماتية المحيطة بنا منذ الولادة وان قدرة العقل على ترجمة الإشارات من الهالة الخاصة بنا سوف تتأثر بصورة مباشرة مع مشاعرنا الإنسانية التي نحس بها في ذلك الوقت, ولقد كان الاعتقاد السائد بأن لون الهالة المحيطة بنا يتغير مع حالتنا النفسية ومشاعرنا ووضعنا الصحي فتكون هالة الشخص المريض صفراء اللون وصغيرة بينما تكون هالة الإنسان الصحي بيضاء اللون وذات حجم اكبر وهالة الإنسان الغاضب حمراء اللون وذات حجم اصغر من الصحي ولكن اكبر من هالة المريض وهالة الإنسان السعيد مائلة للزرقة وذات حجم اكبر من الطبيعي في الحالة الصحية الاعتيادية وهكذا, ولكن الصحيح هو أن قابلية عقل الإنسان على التفاعل وفهم الإشارات القادمة من الهالة سوف تكون هي العامل الأساسي الذي يتأثر بتغير حالتنا النفسية أو الجسدية وبالتالي تؤدي إلى ضعف إمكانيات العقل الباراسايكولوجية في تلك اللحظة, وان التغير المرصود للون الهالة وحجمها هو بسبب التغير في حالة التواصل بين العقل وهالة الإنسان المعلوماتية وان ضعف هذا التواصل أو أي تشويش يصيبه بسبب الحالة النفسية والمشاعر المضطربة أو بسبب انشغال العقل مع حالة الجسد المريضة والمتألمة سوف يؤدي إلى هذا التغير في لون الهالة وصغر في حجمها, أما في حالة الشعور بالسعادة فان تركيز القوة الدماغية والنابع من زيادة الثقة بالنفس سوف يكون على أشده في الهالة ولهذا يكبر حجمها.

ولو أخذنا مثلا حالة الإنسان وهو في مرحلة غضب أو خوف فان معظم طاقته العقلية سوف تكون مركزة لتحفيز العضلات وان هذا مرتبط مع زيادة حالة اليقظة وإفراز

هرمون الأدرينالين في الدم مما يؤدي إلى تسارع الدورة الدموية للإنسان وازدياد دقات القلب وتحفيز العضلات لأداء مهام جسيمة, وبالتالي فأن الطاقة المخصصة لأداء المهام الفكرية الغير مستندة على واقع مادي والتي لا تساهم أو تتعارض مع حالة اليقظة سوف تقنن.

وكذلك فأن الإنسان بحالة المرض سوف يؤدي إلى تقنين الطاقة الفكرية بصورة عامة لكي تساهم في حالة الدفاع عن الجسم وتقوية جهاز المناعة, إن هذا التقنين في الطاقة الفكرية بصورة عامة والمتعلقة بقوى الباراسايكولوجي بصورة خاصة سوف يؤدي إلى أضعاف التواصل بين عقل الإنسان والهالة وصعوبة إرسال واستخلاص المعلومات منها أو التأثر بأيعازاتها والتأثير فيها.

وان هالة الإنسان المعلوماتية تتركز باتجاه مسيطر عليه من قبل الدماغ فمثلا في بداية الحب الجديد أو النجاح الباهر فأن الاتجاه الذي سوف يقوم به الدماغ بتوجيه الهالة هو باتجاه الذكريات السعيدة والتي سوف تضخم وتسيطر على الهالة, وبالتالي فأن جزء كبير من توجهات الهالة السعيدة في تلك اللحظة سوف تعلق بالمكان الذي كانت متركزة فيه ويبقى جزء كبير من تلك المشاعر والأفكار الموجودة في الهالة ثابتاً زماناً ومكاناً.

وعند زيارتك إلى حلبة الرقص أو مدينة الملاهي فانك لا شعوريا سوف تحس ببهجة ومشاعر سعيدة وصحيح أن جزأ من هذه السعادة بسبب كونه مكان جميل أليك وإنما جزأ كبيرا آخر هو بسبب بقاء أجزاء من مشاعر وذكريات وأفكار سعيدة سابقة كانت في هالات أناس مروا في هذه الأمكنة من قبل.

شكل (1,4) مدينة ملاهي

وفي إحدى التجارب التي قمنا بها, تم عمل استطلاع لمجموعات من الناس من الذين سكنوا في بنايات حكومية مدمرة في العراق بعد الاحتلال الأمريكي في 9 نيسان من عام 2003 وكانت النتيجة بأن أفراد المجموعات التي سكنت في بنايات مثل سجون أو مراكز اعتقال سابقة كانوا يعانون الرهبة والخوف والفزع وبوجود تأثير نفسي ثقيل عليهم غير معروف الأسباب, وإنما هذا بسبب بقايا هالات من أناس اعتقلوا أو عذبوا في هذه ألاماكن التي كانت مخيفة وبالتالي فأن أجزاء من هذه الهالات السابقة لا تزال تؤثر في الناس الذين قدموا لاحقاً إلى هذا المكان وان لم يكونوا حالياً في حالة من المعاناة.

شكل (1.5) عائلة تسكن احد البنايات الحكومية المدمرة

وربما كان لقوة تأثيرات الهالة الناتج عن وضع غير اعتيادي لبعض الناس من ذوي القدرات الفائقة في مكان معين تأثيرات مادية بحيث تتحول إلى طاقة فيزياوية محسوسة ومؤثرة وربما هي التي كانت والى اليوم تعرف بالأشباح والأرواح. وان هنالك الآلاف من الحالات الموثقة والصحيحة عن وجود بعض التأثيرات المحسوسة في أماكن معينة وخاصة تلك التي كانت مسكونة قديماً, كما جرى الحديث مثلاً عن لعنة الفراعنة أثناء دخول المستكشفين الغربيين ولصوص الآثار إلى هذه ألاماكن ذات الصبغة الإيمانية بالحياة الثانية وبقوة وسيطرة الفرعون ألأله وهكذا فانه وبسبب أيمان الفراعنة بحياة ما بعد الموت أيماناً مطلقاً وبسبب وضعهم للعنات مكتوبة في داخل الأهرامات وموثقة

بتضحيات بشرية تمثلت بدفن أتباع الفرعون وخدمه معه, فأن بعضا من تلك الهالات الفرعونية لا يزال يؤثر في كل من يحاول الدخول إلى هذه الأمكنة المحصنة, ولعل حالة التضحيات البشرية وتقديم القرابين هي لتقوية مشاعر الخوف والرهبة في تلك الأماكن المقدسة لهم بحيث إن الضحية سوف يمر بحالات طويلة من العذاب النفسي والذي ينتهي بالموت أو ان المضحي سوف يقدم على تقديم نفسه كقربان أيمانا منه بحياة ما بعد الموت ولتقوية اللعنات و التعويذات التي أوجدوها في تلك الأماكن وبالتالي فأن الأفكار المجيشة بالمشاعر القوية والتي سوف تنتقل إلى هالات هؤلاء الأشخاص سواء الذين قاموا بالتضحية أو الذين شاهدوها واشرفوا عليها, سوف تكون على أشدها وتبقى على طول الأبدية لتؤدي الغرض منها. لقد كانت الشعوب والتجمعات البشرية ومنذ القدم تتخذ تجسيدا ماديا لأي لعنة أو تعويذة تنشئها لكي يتسنى الوقت الكافي للأشخاص من ذوي القدرات على تركيز تفكيرهم بمضمون العمل الذي يقومون به في هذه اللعنة أو التعويذة, فمثلاً في حضارة البريجنيز

شكل (1,6) معبد فرعوني

وهم سكان قارة استراليا الاصليون فأنهم يوثقون أي لعنه أو تعويذة برسم أو بمنحوتة لكي تبقى ماثلة أمامهم طول الوقت فيزداد تركيز الطاقة العقلية في هالاتهم لأداء مضمون التعويذة أو العمل ذو القدرة الخارقة, وكذلك فأنه في بناء الأهرامات فأن عشرات السنين التي استغرقها البناء كان متعاقبا مع توثيق اللعنات وفي نفس الأهرامات بالكتابة والصور وتمهيد الطريق لقيام الفرعون في الحياة الثانية برسوم وتماثيل من أنفس ما وجد في عهده لكي يكون الأيمان بعظمة وقوة الرغبات على أشده وبالتالي يحصل تركيز في الطاقة الدماغية للعاملين في هذه التعويذات وحتى الفرعون نفسه لكي يجسد في هالاتهم والتي بقيت إلى الآن حاملة عجائب التفكير الغامض منذ آلاف السنين.

شكل (1,7) رسوم فرعونية في داخل الأهرامات

ان عملية تجميع الهالات بقوة وباتجاه واحد عن طريق جعل مجموعة كبيرة من البشر يؤمنون بفكرة معينة أيمانا مطلقاً سوف يؤدي إلى تقوية هذه الفكرة وتحقيقها وضمن نطاق النجاح والفشل في كل عملية, فمثلا في شعائر عاشوراء الدينية والتي تحدث كل عام في مدينتي النجف وكربلاء المقدستين في العراق ويؤمها المسلمون الشيعة من كل العالم تحدث مجموعة من زوار كربلاء في بداية المراسيم الدينية من عام 1996 عن رؤيتهم لصورة الإمام العباس (وهو احد أئمة الشيعة المعصومين) في سماء المدينة وهو ممتطيا لجواده وشاهرا سيفه, وشاءت الأقدار أن أكون ذاهبا مع مجموعة من الأصدقاء لهذه المدينة في نفس اليوم وخلال المراسيم الدينية لزيارة صديق لنا هناك (وأنا من غير المسلمين) ولكنني تفاجئت كثيرا برؤية صورة الفارس (الإمام العباس) وكما وصفت وقد تشكلت من الغيوم وبقيت في سماء المدينة, فما يكون هذا إلا أن يكون الإيمان المطلق للملايين من الزوار قد تجسد وان رغبتهم الشديدة في رؤية احد الأئمة المعصومين قد تحقق.

شكل (1,8) مرقد الإمام العباس في مدينة كربلاء المقدسة

وكذلك فان حالة أطلاق الطاقة الدماغية للإنسان تكون على أشدها عندما تكون المشاعر مشدودة بالإيمان المطلق, وان فريضة الصلاة وفي كل الأديان وإذا ما أديت بإيمان المصلي المطلق ومن ثم الدعاء فأنها سوف تكون ذات فائدة كبيرة للمصلي بتركيز قواه الذهنية وتحقيق أمنياته في دعائه (هذا بالإضافة إلى فوائدها الدينية والتي يتحدث عنها أهل الدين في غير هذا الكتاب) وكما قيل سابقا فأن الايمان بالشيء يخلقه.

- الوعي الانساني

يتكون الإنسان العاقل من عقل وجسد ونظام عصبي وان اتصال هذه الأشياء الثلاثة ببعضها واتحادها سوف يكون الأفكار والمشاعر والأحلام والأمال والذكريات والتي نطلق عليها مجتمعة كلمة الوعي الإنساني. كما وان هذا الاتحاد سوف يحرر الطاقة الدماغية والتي نطلق عليها (الطاقة الباراسايكولوجية) والتي تتحول إلى أنواع أخرى من الطاقة وتكون غير مقيدة بقوانين الفيزياء التقليدية مثل الزمان والمكان في اداء أعمالها.

ولما كان الوعي والطاقة الدماغية هما نتاج الاتحاد في عمل العقل والجسد والنظام العصبي فأن فترة حياة كل من الوعي وإطلاق الطاقة الدماغية يكون قد تحدد بالعمر المادي للعقل والجسد والنظام العصبي والذي هو عمر الإنسان. ولكن الطاقة الدماغية التي أطلقت أثناء حياة الإنسان وكما أسلفنا تكون غير مقيدة بقوانين الفيزياء التقليدية في اداء أعمالها وبالتالي فأن هذه الطاقة تسافر عبر الزمن وبتحرر تام من المصدر الذي أطلقها وتبقى لتؤدي العمل حتى بعد زوال المصدر. وان الطاقة الدماغية وخلال حياة الإنسان تكون مسؤولة عن استنساخ الوعي الإنساني في الهالة المعلوماتية وان أجزاء من معلومات الوعي المستنسخ تبقى نافذة حتى بعد فناء الإنسان في الأمكنة التي تم تحرير الطاقة الدماغية فيها بحيث ان الوعي المستنسخ في تلك الهالة المتبقية سوف يبقى ثابتا معها ليؤدي الغرض من تحريره في الهالة وليشعرنا ببعض من أفكاره أثناء زيارتنا للمكان. ولهذا فأننا إذا ما أردنا تذكر شيء مهم لنا أو شخص عزيز علينا فإننا سوف نساعد أنفسنا كثيرا إذا ما ذهبنا إلى المكان الذي كنا قد فكرنا فيه في هذا الشيء أو التقينا فيه بهذا الشخص العزيز. لأن بقايا من هالتنا في ذلك المكان لا تزال موجودة وهي تحتوي على معلومات عن هذا الشيء أو بسبب بقايا من هالة الشخص العزيز لا تزال موجودة في المكان لتشعرنا بمشاعره أنذاك وبتفكيره وفي الحالتين فأننا نستطيع أن نستخدم قوانا في الرؤيا عن بعد والسفر للذهاب إلى ذلك المكان والاتصال بالهالات.

• دماغ الإنسان:

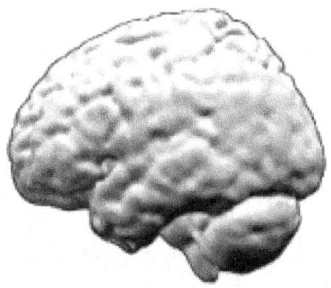

شكل (1.9)
دماغ الإنسان يحتوي على 100-50
مليار خلية عصبية

وقبل أن نسترسل بمناقشة قوى الدماغ وتصنيف أعمالها الخارقة فإننا سوف نحاول أن نعطي توضيح مبسط لدماغ الإنسان وخصائصه الفسيولوجية, وكيف يؤثر بالبيئة المحيطة وكيف يستجيب إلى الإشارات القادمة من الحواس.

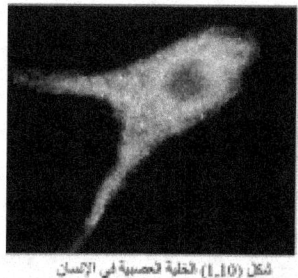

شكل (1.10) الخلية العصبية في الإنسان

حيث ان انتقال المعلومات بين الخلايا العصبية وبينها وبين باقي الأعصاب المنتشرة في كل الجسم تتم بواسطة شحنات كهربائية تنتج داخل الخلية العصبية والتي تسمى بالعصبونة (Neuron) وتجرى داخل كل عصبونة آلاف العمليات الكيمياوية والالكترونية وتشترك فيها آلاف الخمائر والمواد الكيمياوية المساعدة, ويمكننا تخيل تعقيد العمليات الجارية في نظامنا العصبي إذا ما علمنا بان جهازنا العصبي يحتوي على أكثر من 100 مليارات خلية عصبية أو بكلمة أخرى فانه يحتوي على أكثر من 100 مليارات مصنع كيمياوي والكتروني تستهلك 10 كالونات من الدم في كل ساعة, ويبلغ وزن الدماغ في الانسان البالغ (1 - 1,5) كغم ومتوسط حجمه بحدود 1600 سم^2 ويستهلك 20% من طاقة جسم الانسان البالغ و 60% من طاقة جسم الرضيع.

كما وتنص نظرية العالم روجر سبيري والتي نال عليها جائزة نوبل عام 1960 على ان دماغ الإنسان يتكون فسلجياً من نصفين مقطع رأسي ايمن وأيسر, حيث يسيطر النصف الأيمن على وظائف الإنسان اللاإرادية مثل (التنفس ودقات القلب والأحلام ودرجة حرارة الجسم والهضم وحفظ التوازن), بينما يحتوي نصف الدماغ الأيسر على وحدة المنطق التي تنظم حياتنا بواسطة اتخاذ القرارات المتناسبة مع استنتاجات العقل التي يقدمها لنا بناءً على مقارنة مجموعة من المعطيات سوية.

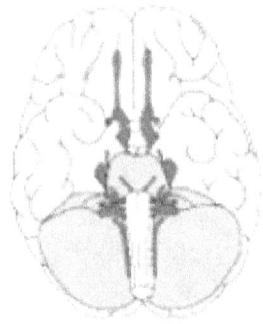

شكل (1,11)
نصفي الدماغ البشري

ولقد تعلمنا أن نحكم على كل ما يحيط بنا بنفس هذه النظرة المنطقية وإننا نحاول دائما أن نبقي دماغنا يفكر والى أقصى حد ضمن نطاق هذه النظرة المنطقية والواقعية, وإننا لا نسمح أبدا للأفكار المشوشة التي لا تمتلك أساسا فيزياويا أو منطقيا محسوسا لنا من الوصول إلى مرحلة التصديق والأخذ بها, فلماذا هذه الحالة؟

هل لأننا نعتقد بان الأشياء التي يمكن قياسها ماديا في وقتنا الحاضر فقط هي الموجودة في عالمنا الحالي؟ وقبل أن نحكم يجب أن نتذكر بأن قياس الأنواع المختلفة من الطاقة كان غير ممكن قبل اختراع الأجهزة الحساسة التي تقوم بهذه العملية وكذلك قبل أن تتوفر معرفة كافية عن خصائص كل من هذه الأنواع من الطاقة فمثلا فان قياس الطاقة الكهربائية كان غير ممكن حتى اكتشافها على يد العالم (توماس أديسون) عام (1879) والذي أجرى أكثر من 1800 محاولة فاشلة حتى انتهى

شكل (1.12) توماس أديسون

بالنجاح, وهكذا فحتى الآن لا توجد أجهزة حساسة كفاية لقياس طاقة الدماغ المنبعثة لأداء المهام الخارقة والمرتبطة بقوى الباراسايكولوجي لدينا, ولكن المسلم به هو أن لهذه الطاقة إنجازات مشهودة في كل ثقافات العالم وعلى مر العصور وخاصة في العهود القديمة قبل آلاف السنين حيث انه من المثبت بأن الأجيال القديمة كانت تمتلك هذه القوى بشكل لافت وإنها قد تعلمت كيفية استخدامها حيث ان هذه النتيجة المتقدمة التي وصلوا إليها في تطبيق علم الباراسايكولوجي هي بسبب أيمانهم بوجود هذه القوى, وسواء كان أيمانهم هذا بسبب أفكار دينية أو لأنهم كانوا يؤمنون بوجود قوى السحر والأساطير فالنتيجة هي أنهم كانوا غير سلبيين تجاه الأيمان بهذه القوى والإشارات القادمة منها.

فما الذي يحدث لفكرة ناتجة عن قوى الباراسايكولوجي عندما تأتي لدماغ إنسان متحضر في وقتنا الحالي؟

انه وببساطة سوف يقوم بإهمالها لأنها سوف لن تصل إلى مرحلة الأيمان بها وذلك لافتقارها للأساس المادي والمنطقي المحسوس في وقتنا الحالي, ولهذا فأن هذه الفكرة سوف تقتل وان طاقتها النافعة سوف تضيع, كما وان بعض الناس من الذين يحاولون أن يستخدموا هذه القوى بدون خبرة سابقة سوف يكونون عرضة لإساءة استخدامها وان الطاقة المحفزة ربما سوف تقوم بأداء مهام عكسية وحسب توجيهات الدماغ المسيطر على العملية في ذلك الحين.

وفي الأجهزة الهندسية الحديثة مثل الرادار وأجهزة الاتصالات والتي يكون أساس عملها هو مسك الإشارة المرغوبة من بين الضوضاء والإشارات الأخرى غير المرغوب بها استناداً على القانون المشهور لنسبة الإشارة إلى الضوضاء في الإشارة

الكلية القادمة للجهاز (Signal to Noise Ratio), حيث انه كلما زادت هذه النسبة فأنها تعني بأن عملية مسك الإشارة المرغوب بها سوف تكون أسهل وادق للجهاز, وإننا نعمل نفس الشيء في دماغنا حيث نقوم بمقارنة مصدر الفكرة القادمة للدماغ مع استنادها للأساس المحسوس لنا ماديا فإذا كانت قادمة منه فأن هذا يعني بأن نسبة الإشارة إلى الضوضاء سوف تكون عالية وسوف نتقبل هذه الفكرة, ولكن حتى لأكثر الأجهزة دقة فأن بعض الإشارات الضعيفة سوف تهمل أما بسبب كونها أشارة ضعيفة أو بسبب زيادة نسبة الإشارات غير المرغوب بها والمختلطة مع هذه الإشارة المرغوبة, وكذلك الحال بالنسبة للإنسان فأن بعض الإشارات لن تصل إلى حد التصديق بها بسبب ضعف أساسها المحسوس ماديا من قبلنا, وأنه بالإيمان بوجود هذه القوى وبالإرادة والتدريب يستطيع الإنسان أن يتعلم كيف يكون مستقبلا أفضل حتى يستطيع التحسس بالإشارات الضعيفة والنابعة من قوى الباراسايكولوجي.

الفصل الثاني: أطلاق الطاقة الدماغية

- العوامل المساعدة في أطلاق الطاقة الدماغية:

ان عملية أطلاق الطاقة الدماغية يخضع لمجموعة من العوامل, فبعد توفر الموهبة الباراسايكولوجية والتي هي هبة الخالق للإنسان وان كانت بدرجات مختلفة لكل منا عن الآخر إلا أن عملية صقل هذه الموهبة عبر أداء التمارين والطقوس والتي سوف نأتي على ذكرها لاحقاً, تكون أساسية في الموضوع كما وان عملية استخدام القدرات الباراسايكولوجية يجب أن تراعي عوامل أخرى لترسيخ وتحسين استخدام القوى ومن اهمها

1. الثقة التامة بالنفس وبالقدرات
2. الحفاظ على صفاء ذهني داخلي متوازن
3. البيئة وتوفر الطاقة في الجو
4. يجب أن تكون أهداف العملية نبيلة وغير عدوانية

وسوف نأتي على شرح كل من هذه النقاط

الثقة التامة بالنفس وبالقدرات: ان الثقة بقدراتنا وبقوتنا الباراسايكولوجية يعد هو العامل الأساسي في أنجاح الأعمال الباراسايكولوجية التي نقوم بها, حيث ان الثقة بالنفس تزداد كلما نجحنا في أداء عمل أو تمرين يعتمد على قدراتنا هذه ويجب عدم التقليل من أي نجاح نحرزه ومهما كان صغيراً لأنه سوف يكون البداية التي ننطلق منها حتى نصل إلى المراحل المتقدمة كما ويجب عدم البدء بأعمال أو تمارين صعبة لان احتمالية فشلها تكون كبيرة للمبتدأين وحالة الفشل هذه تكون مسؤولة عن تقليل قوانا وعن فقدان ثقتنا بها وهذا لان قوانا الباراسايكولوجية تتبع توجيهات الدماغ وإذا ما كان الدماغ غير

مؤمن بها فان هذه القوى سوف تتلاشى أو تؤدي نتيجة عكسية وتبعا لأوامر الدماغ الضمنية, وإنما يجب البدء بتمارين التركيز والتمارين الأساسية الأخرى ومن ثم ترتقي إلى تمارين الأداء الأصعب وشيئا فشيئا سوف نصل إلى المراحل المتقدمة وكما سوف نعرض ذلك في فصل التمارين. وفي كل أنواع التمارين والاختبارات التي نقوم بها لاستعمال قوانا الباراسايكولوجية يجب أن تكون عملية التوثيق التي نصف بها هذه التمارين أو الأعمال والحالات التي رافقتها دقيقة جدا بحيث تصف حتى شعورنا وإحساسنا في وقتها, حيث يصبح هذا التوثيق كمرجع ومرشد لنا في أعمالنا اللاحقة ومن نجاحاتنا الموثقة كذلك تزداد ثقتنا بنفسنا وبقوانا.

الحفاظ على صفاء ذهني داخلي متوازن: إن حالة الصفاء والتوازن النفسي تتطلب أن يكون الإنسان ذو سيطرة على تفكيره في اللاشعور ومن دون السماح للمشاعر الإنسانية مثل الغضب والخوف والحزن وغيرها من التسلط على التفكير أثناء أداء العمل الباراسايكولوجي, لان هذه المشاعر سوف تحرف التفكير عن التركيز لإنتاج الطاقة الدماغية المطلوبة وتقلل كفاءة العقل في أنتاج هذه الطاقة.
فلو قمنا بتقسيم المشاعر الإنسانية حسب نوعها وشدتها ووضعنا مقياسا لكل منها مكون مثلا من 100 درجة فأن مقياس الخوف سوف تكون عنده نقطة الصفر تعني حالة الاطمئنان التام وحالة 100 تعني عنده أقصى درجات الخوف وأن مقياس الخوف هذا يختلف عن مقياس الغضب والذي هو مكون أيضا من 100 درجة والذي بدوره يختلف عن مقياس الألم ذو 100 درجة وهكذا لكل المشاعر الإنسانية التي نحس بها, وان تحرير الطاقة الدماغية إلى أي شخص تتطلب مستويات معينة من الشعور لكل المقاييس فمثلا تحتاج إلى مستوى بين (0-10) درجات على مقياس الغضب والذي يترافق مع مستوى بين (10-15) حسب مقياس الخوف والى مستوى (0-2) حسب مقياس الألم وهكذا إلى باقي المشاعر, وكذلك يجب أن تكون هنالك نسبة متوازنة فيما بين كل من

مقاييس المشاعر هذه وذلك بسبب تلازم وتأثر المشاعر بعضها ببعض فمثلا عند ارتفاع درجة الغضب كثيرا فان الشعور بالألم سوف يتأثر وكذلك بالنسبة إلى باقي المشاعر ولهذا كان المطلوب هو الوصول إلى حالة من التوازن الايجابي بين كل من هذه المشاعر والوصول كذلك بكل واحدة منها ضمن مستوى معين, وان التدريب الجيد سوف يؤدي بالشخص إلى أن يفصل مشاعره عن بعضها وقدر المستطاع بحيث لا يؤثر الخلل في احدها على البقية ويفشل العملية ككل.

شكل (2.1) تقسيم المشاعر البشرية

ان الطاقة الدماغية لكل شخص تحتاج إلى مستويات مختلفة للتوازن فيما بين المشاعر والى درجة معينة من الشعور لكل منها كما اسلفنا, ويرجع هذا إلى اختلاف الطبيعة البشرية لكل منا عن الأخر فهنالك الشخص الهادئ وهنالك الشجاع الجسور والخائف المرتعب, وان المتدرب الذي يروم استخدام قواه العقلية وجب عليه الوصول إلى حالة التوازن بين مشاعره الإنسانية المختلفة والسيطرة على كل من مشاعره ضمن مستوى معين لكي يستطيع الوصول إلى مرحلة التوازن الداخلي للمشاعر ومن ثم إلى مرحلة الصفاء الذهني الذي ننشده.

وان عملية الوصول إلى مرحلة أطلاق الطاقة الدماغية تتطلب أن يكون الإنسان حرا من أي استجابة إلى حواسه الخمس وان يكون غير مقيدا بأي من المشاعر الإنسانية المشدودة أو من أي شعور بالتنبيه والإفاقة سواء كان تنبيها داخليا أو خارجيا, فمثلا لو

حدث شعور بالألم (وهذا تنبيه داخلي) في أي مكان من الجسد فأن التنبيه سوف يستمر مادام الألم موجوداً وان هذا التنبيه سوف يمنع التركيز, وكذلك فأن التنبيه قد يكون خارجياً فمثلاً يصعب التركيز عندما تكون أغنيتك المفضلة بصوت عالي في التلفزيون القريب منك أو أن يكون هنالك من يحاول مناداتك, ولكن المراحل المتقدمة من التدريب سوف تؤهل الأشخاص على تعلم كيفية إهمال أشارات التنبيه القادمة وهذا يكون بواسطة أداء تمارين التركيز حيث تساعد اليوغا وتمارين التأمل الأخرى (والتي سوف نذكرها لاحقاً في فصل التمارين) على الوصول إلى هذه المراحل.

شكل (2,2) منظر طبيعي

كما وان الأشخاص الذين يصلون إلى مرحلة التوازن الداخلي والمرحلة التي يتعلمون بها إهمال أشارات التنبيه الداخلي والخارجي فأنهم سوف يبدءون الإحساس بعمق وقوة أشارات الطبيعة مثل الاستمتاع برائحة الأزهار والأشجار وصوت خرير الماء وجمالية النجوم والنسيم, وهذا لأن إحساسهم بالعالم من حولهم سوف يكون صافيا من دون

شوائب أو مقاطعات, وعند الوصول إلى مرحلة التوازن الداخلي المستقر والذي تكون عنده مجموعة المشاعر ثابتة مع الزمن وطوال فترة الأداء, فإن عملية تحميل الفكرة المراد إرسالها بواسطة الطاقة الدماغية سوف تتبع هذه العملية ويجب حينها أن تكون هذه الفكرة هي الوحيدة المسيطرة على تركيز اللاشعور الذي نكون فيه, وإذا ما كانت هنالك في الدماغ أفكار دخيلة فيجب عدم محاولة إخراجها بعنف وإنما تترك لتخرج لوحدها بسلاسة ويمكن المساعدة بذلك عن طريق التقليل من قيمة أي فكرة دخيلة عدى الأفكار الأساسية المطلوب تحميلها بالطاقة الدماغية, وان عملية الوصول لهذه المرحلة تصبح تلقائية بعد أداء مجموعة من الأعمال الباراسايكولوجية بنجاح بسبب ازدياد الثقة بالنفس والقدرات والذي يعد هو العامل الأهم في العملية حيث تتسلط فكرة العمل الباراسايكولوجي لوحدها على الدماغ بالكامل بسبب اقتراب الفكرة من الواقعية والتصديق بها أكثر لدى ازدياد الثقة بالقدرات, وكذلك فأن عملية الوصول إلى المرحلة التي يتم بها أطلاق الطاقة الدماغية يجب أن تكون مستقرة لفترة كافية من الزمن والا فأن كمية الطاقة المحررة لن تكون كافية لأداء العمل المطلوب وحسب قوة الطاقة المحررة ومقدارها والذي يتناسب طرديا مع الزمن حيث ان الفترة الزمنية هي التي سوف تحدد مقدار الطاقة المنبعثة إذا ما كانت قوتها ثابتة خلال تلك الفترة, وان كمية الطاقة الدماغية اللازمة تحدد حسب نوع العمل المراد أدائه فبعض الأعمال في السايكوكينيزيا (والتي سوف نأتي على ذكرها لاحقا) تحتاج إلى طاقة اكبر من تلك التي نحتاجها في التخاطر مثلا.

البيئة وتوفر الطاقة في الجو: ان للبيئة المحيطة بنا تأثير على أطلاق الطاقة الدماغية أما من ناحية تقوية بعض القدرات أو أضعاف والتشويش على البعض الآخر ففي حين أثبتت بعض التجارب أن الوسط أو المكان الذي تزداد به الطاقة الكهرومغناطيسية يكون أفضل لأداء بعض القدرات في السايكوكينيزيا عن طريق تسخير هذه الطاقة والسيطرة

عليها, فأن تجارب أخرى في التخاطر والأستبصار تضعف قدراتها وتشوش في الوسط المكتظ بالإشارات والطاقة الكهرومغناطيسية, حيث انه من الطبيعي أن تكون للبيئة تأثيرات محسوسة في القوى الباراسايكولوجية بسبب صغر وحساسية هذه القوى ولذلك فأنها تتأثر بكل شيء حولها مهما كان صغيرا, ولو عرفنا بأن الجو من حولنا هو مزدحم جدا بإشارات راديوية وأخرى مايكروويية تابعة للاتصالات الخلوية والبث عبر الأقمار الاصطناعية والرادار وغيرها من الأجهزة الالكترونية مستقبلة الإشارات وحتى أشعة الشمس باعتبارها إحدى أنواع الطاقة الكهرومغناطيسية, فأن جميع هذه الموجات والإشارات سوف تقوم بالتأثير والتشويش أما على الطاقة الدماغية المنبعثة لأداء المهام الباراسايكولوجية أو إنها سوف تؤثر مباشرة على الشخص الذي يطلق هذه الطاقة الدماغية, وان تأثير الموجات والإشارات الكهرومغناطيسية على الإنسان هو تأثير سلبي ومعروف, ففي حين تستخدم مخابرات دول كثيرة الموجات المايكروويية Microwave (Signals) كسلاح للتأثير على نفسية الشعوب غير المرغوب بهم والذين يقعون ضمن نطاق هذه الموجات, فأن دولا أخرى مثل الولايات المتحدة قد طورت سيارات خاصة لمكافحة الشغب حيث تقوم هذه السيارات بإطلاق أشعة مايكروويية وذات طاقة عالية تؤدي إلى تفريق الحشود لإحساسهم بتأثيرات الأشعة ومنها تأثيرات حارقة للجلد وأخرى نفسية تؤدي إلى الشعور بالحزن والانزعاج.

كما ان الإشارات الراديوية والمايكروويية ومجمل الطاقة الكهرومغناطيسية والتي تملئ الجو من حولنا وان كانت ذات طاقة منخفضة وغير محسوسة لنا ولكنها بالتأكيد ذات تأثير مشوش على طاقتنا الدماغية ومنبه لأجهزتنا الحسية,

شكل (2,3) مدرعة مستقبلية لإطلاق الأشعة الكهرومغناطيسية

ولهذا ففي حالة القيام بأداء العمل الباراسايكولوجي بصورة عامة فأن الليل أفضل من النهار وان ألاماكن الطبيعية البعيدة عن نطاق الإشارات الكهرومغناطيسية العاملة أو حتى الاستعانة بالقاعات العازلة للإشارات, سوف تكون أفضل لنا في الأداء الباراسايكولوجي.

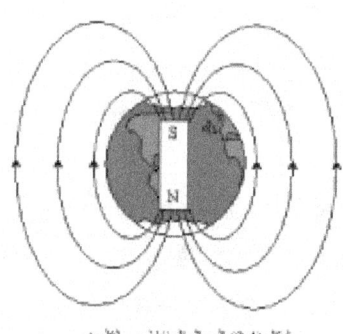

وكذلك فأن تأثيرات الحقل الجيومغناطيسي المحيط بالأرض والذي يغير مسار أبرة البوصلة إلى الشمال دائما, هي تأثيرات محسوسة وتحتاج إلى معرفة واسعة في حسابات هذه القوى لكي تكون اضعف في التأثير على طاقتنا الباراسايكولوجية, حتى ان بعض البحوث الباراسايكولوجية قد جرت في الفضاء للتخلص من هذا التأثير.

شكل (2,4) المجال المغناطيسي للأرض

يجب أن تكون أهداف العملية نبيلة و غير عدوانية: ان المعرفة المتزايدة والتدريب المتواصل لقوى الباراسايكولوجي سوف يعطي سلاح فتاك للإنسان ولو أسيئ استخدامه فأنه سوف يكون خطيرا جدا, فيجب عدم تمكين الصفات الإنسانية مثل الغيرة والحسد والطمع والجشع وغيرها من الصفات الذميمة في السيطرة على هدف العملية الباراسايكولوجية, وكميثاق شرف يتعين على كل شخص يطور مهاراته أن يستخدمها بحق فقط.

- ميكانيكية أطلاق الطاقة الدماغية:

ان مجمل عملية أطلاق الطاقة الدماغية تعتمد على تهميش وإهمال وحدة المنطق ومراكز التنبيه في الدماغ ففي حين تحدثنا بأن التدريب وتمارين التركيز سوف تؤدي إلى تقليل أشارات التنبيه في العقل فأن عملية إهمال وحدة المنطق والاستنتاجات القادمة منها سوف لن يكون باليسير وإنما يحتاج إلى مجموعة من الإجراءات منها أساسية مثل الوصول إلى حالة الأيمان المطلق بقوى الباراسايكولوجي لدينا لكي لا يتسنى لوحدة المنطق رفض أو التقليل من أهمية العمل الباراسايكولوجي أو أضعاف أي أشارة قادمة لنا منه, ومنها إجراءات مساعدة مثل

1. استخدام فترة الخدر قبل النوم وبداية اليقظة
2. استخدام التنويم المغناطيسي
3. استخدام بعض المسكرات والمخدرات
4. القيام ببعض الحركات والرقصات المهيجة للمشاعر الإنسانية
5. تسخير العواطف المتأججة لإطلاق الطاقة الدماغية
6. الخضوع إلى مؤثرات خارجية للأجهزة الحسية ولفترة طويلة

وسوف نأتي الى شرح كل من هذه الإجراءات

استخدام فترة الخدر قبل النوم وبداية اليقظة:

حيث تنشط في هذه الفترة المخيلة وتضعف وحدة المنطق والاستنتاج وعند تلك اللحظة وفي حالة وصول الشخص إلى مرحلة الصفاء الذهني الداخلي فيجب عندها أن تكون الفكرة الخاصة بالأداء الباراسايكولوجي وحدها هي المسيطرة والمحفزة في اللاشعور الفعال في ذلك الوقت وبهذا نصل إلى مرحلة أطلاق الطاقة الدماغية.

استخدام التنويم المغناطيسي:

شكل (2,5) استخدام القدرات الباراسايكولوجية أثناء التنويم المغناطيسي

ان التنويم المغناطيسي هو احد أقدم الطرق التي اتبعها المحترفون القدامى وأطباء النفس في العصر الحديث, من اجل القيام بعمليات باراسايكولوجية أو شفاء علة نفسية في الشخص المنوم وغيرها من الأعمال المهمة والتي يتعذر على هذا الشخص أدائها في صحوته بنفس الكفاءة, وتقوم عملية التنويم المغناطيسي على أساس تخدير وحدة المنطق في عقل الشخص المنوّم وجعله يدخل في مرحلة أشبه بالغيبوبة مع فرق واحد هو انه يستطيع أن يستقبل الأوامر وأن يعبر عن أفكاره وهو نائم سواء عن طريق الكلام أو الإشارات, وتبدأ عملية التنويم بتلقين الشخص بعض العبارات التي تدعو للاسترخاء ثم إلى فقدان التركيز مع تنشيط للمخيلة وبالتالي بعد تكرار هذه العبارات لعدة مرات فأن وحدة المنطق سوف تتعرض للخمول مقابل المخيلة التي تنشط وتبدأ بالمساعدة في أداء المهام الخارقة, بسبب تركيز الطاقة الدماغية وتحويلها إلى طاقة باراسايكولوجية تؤدي المهام التي نزرعها في عقل الشخص الخاضع للتنويم والذي هو بلا حول ولا قوة سوى تنفيذ الأوامر التي توجه إليه بسبب ضعف النشاط في وحدة المنطق في دماغه, ولهذا فأن الشخص الموهوب في القدرات الباراسايكولوجية سوف يظهر أداءً ممتازا في حالة تنويمه مغناطيسياً لأنه سوف يبرز قدراته بأفضل صورة مع تنويم وحدة المنطق في دماغه, وطبعاً يحتاج الأمر إلى منوم محترف في كيفية تلقين العبارات وإصدار الأوامر الخاصة بالأداء الباراسايكولوجي, وهو فن يتطلب مهارة وموهبة ودراية.

شكل (2,6) الطبيب الفرنسي نوستراداموس

استخدام بعض المسكرات والمخدرات:

لقد سجل لنا التاريخ العديد من الأشخاص ذوي القدرة على التنبؤ بالمستقبل وكذلك على أداء مهارات حسية فائقة ومن ابرز هؤلاء هو الشاعر ستيجر الذي عاش في جنوب العراق (والذي نذكر في الفصل الثالث بعض من شعره حول مستقبل العراق كما ورد منذ أكثر من 180 عام), والطبيب الفرنسي نوستراداموس والذي ولد عام 1503 واللف كتاب القرون في التنجيم والتنبوات, وكلاهما كان يعتمد في الأساس على تناول احد العقاقير أو المسكرات المخدرة لوحدة المنطق والمنشطة للمخيلة واللاشعور ومن ثم يترك فكرة العمل الباراسايكولوجي المراد عمله تسيطر عليه بالكامل, وفي حالتيهما كانت تلك الأفكار في معظمها خاصة بالتنبؤ بالمستقبل.

ان استخدام أنواع العقاقير المخدرة والمسكرات بصورة عامة يؤدي إلى خدر في وحدة المنطق ونشاط في المخيلة, ولكن في كثير من تلك الأنواع فأن الإكثار منها يؤدي إلى أن تخضع هذه العملية إلى تأثيرات مشوشة على اللاشعور مما يؤدي إلى الدخول في الأوهام وحالة الهلوسة وتشتت التركيز الذهني في اللاشعور والذي يجب أن يكون منصبا في تلك اللحظة على الفكرة المراد للطاقة الدماغية أداؤها, ولهذا فأن العملية تفشل وكذلك فأن لبعض الأنواع المخدرة والمسكرة تأثير منوم على الإنسان مما يؤدي إلى أحساس النعاس الذي يشوش على تركيز الصفاء الذهني الداخلي. كما ولا يخفى على احد تأثير تلك العقاقير والمسكرات السلبي في حالة الإكثار منها على مستوى التركيز بصورة خاصة وعلى الذكاء والذاكرة وطاقة الإنسان بشكل عام وحتى على

الطاقة الجنسية, فعلى المدى البعيد تضعف كفاءة أجهزتنا ومنها العقل مما يؤدي إلى انخفاض في أداء الإنسان بكافة مفاصل حياته وكذلك أداؤه الباراسايكولوجي.

القيام ببعض الحركات والرقصات المهيجة للمشاعر الإنسانية:

حيث تعتمد هذه الطريقة على القيام باستهلاك كامل المشاعر والرغبات التي تعصف بتفكيرنا طوال الوقت وكذلك تعتمد على زيادة الأيمان بالفكرة المراد عملها عن طريق خلط طاقة المشاعر المجيشة بالفكرة الباراسايكولوجية, ونسرد مثالا على هذه العملية التي تجري غالبا في الثقافات والعادات الأفريقية حيث يتجمع الراغبون بالقيام بعمل براسايكولوجي معين (وقد يكون مصوّرا على شكل تقليد سحري بالنسبة لهم) ويذهبون إلى مكان هادئ ومنعزل ومن ثم يبدءون الرقص والغناء حول النار المشتعلة وهم يرددون كلمات خاصة بالفكرة الباراسايكولوجية المراد عملها ويستمرون بهذه العملية ساعات طويلة وحتى الإرهاق التام.

شكل (2,7) قبيلة افريقية تمارس مراسيم الرقص الجماعي

وان فاعلية هذه الطريقة لا تعتمد فقط على استهلاك المشاعر والرغبات عبر الوصول إلى إرهاق الحواس وكذلك فهي لا تعتمد فقط على زيادة الأيمان بالفكرة المراد عملها بواسطة الترديد المستمر للفكرة الباراسايكولوجية وبصورة جدية وصادقة, ولكنها تعتمد

أيضا على مشاركة الطاقة الدماغية المحررة من الجمع الذي يردد نفس العبارات الخاصة بالفكرة وبنفس الوقت ويستهلك مشاعره ورغباته سوية, وقد ذكرنا هذا الموضوع سابقا في تجميع الهالات باتجاه معين وموحد من قبل مجموعة من الناس.

شكل (2,8) الماجن راسبوتين

ومن أهم الذين اتبعوا هذه الطريقة لتقوية قدراتهم الخارقة هو الماجن راسبوتين في روسيا القيصرية حيث ان هذا الإنسان وبواسطة قدراته تمكن من السيطرة على الكنيسة والتي كانت ذات نفوذ عظيم في عهد القياصرة ومن ثم استطاع حتى من السيطرة على القيصر وعائلته ومعتمدا على قواه الباراسايكولوجية فقط. لقد كان راسبوتين منتميا إلى أحدى الجماعات التي تقوم بمراسيم الرقص الجماعي في منطقة معزولة وترديد أفكار خاصة بأعمال باراسايكولوجية يودون القيام بها وعند الوصول إلى مرحلة الإرهاق التام بعد ساعات طويلة من الرقص العنيف, كانوا يبدءون بممارسة الجنس الجماعي والى أن يفقدوا الوعي تماما. وبفضل تقوية مهاراته بدأ راسبوتين باستخدام قواه لتحقيق مآربه الخاصة فعرف عنه قابليته على الشفاء بالطاقة حيث استخدم موهبته هذه لشفاء ابن القيصر الصغير والذي كان يعاني من مشاكل صحية خطيرة عجز عنها كل الأطباء في ذلك الوقت, ولكن الطفل كان يبدي استجابة قوية للشفاء بعد الجلسات التي يقوم بها راسبوتين معه فتتحسن صحته كثيرا خلالها ولكنه ينتكس إذا ما غاب عنه راسبوتين لفترة طويلة وهذا ما حدا براسبوتين إلى استغلال نفوذه على القيصر والسيطرة على معظم مفاصل روسيا القيصرية في حينه, والى أن استطاعت مجموعة من المخلصين لروسيا والتي تضررت من أفعال راسبوتين

الشريرة من قتله بواسطة الخناجر بعد أن عجز السم الذي وضعوه له والذي كان يكفي لقتل عشرة ثيران في الإجهاز عليه بسبب قوته الشفائية ومقاومة جسمه للسم.
كما وان لدى العديد من الثقافات في يومنا الحالي مراسيم من هذا النوع كما في مراسيم الدراويش وغيرها وتشتمل أما على البكاء أو على الرقص وترديد العبارات جماعيا وفي كلتا الحالتين فأن سبب التجمع يكون للتذكير بعبرات الماضي ولطلب شيء معين تشترك به المجموعة كلها وتستمر هذه العمليات الجماعية لفترة طويلة من الزمن وكافية لإرهاق المجموعة وهي تزيد الأيمان بالأفكار المتداولة سواء كانت خيالية أو واقعية. والمهم أنها إذا ما كانت منتظمة لأداء عمل معين فأن احتمالية تحقيقها تكون كبيرة (كما ذكرنا في موضوع رؤية الإمام العباس في الفصل الأول)

تسخير العواطف المتأججة لإطلاق الطاقة الدماغية:
في حالات كثيرة نتعرض إلى هزات نفسية تكون ذات تأثيرات سعيدة أو حزينة على تفكيرنا وحسب شدتها فأننا نستغرق في التفكير والمخيلة وبشكل غير مسيطر عليه عادةً, وخاصة في حالة الحزن والذي يكون تأثيره أقوى من حالة الفرح فنغرق في التخيل وتنتابنا أحلام اليقظة والتي يتلاشى فيها تأثير وحدة المنطق وحتى التنبيه من الجسد لأننا لا نشعر بأي شيء سوى الحزن وذكرياته فلا نرغب بالأكل أو النوم وحتى شعورنا بالتعب يتلاشى, فإذا ما وصل الإنسان إلى حالة مشابهة فعندها يستطيع أن يسخر هذه الطاقة النفسية الهائلة والخالية من تأثيرات وحدة المنطق إلى طاقة دماغية لأداء عمل باراسايكولوجي, ولكن المشكلة هي مدى السيطرة على النفس والثقة التي يتحلى بها هذا الشخص لكي يؤدي العمل بشروط أطلاق الطاقة الدماغية والتي تتطلب الهدوء والتوازن النفسي وان نترك أحلام اليقظة حال الشروع بالأداء الباراسايكولوجي, ويمكن الاستعانة ببعض التمارين المذكورة في الفصل الرابع لهذا الغرض.

الخضوع إلى مؤثرات خارجية للأجهزة الحسية ولفترة طويلة:

شكل (2,9) تحت الشلال

ان تعريض أجهزتنا الحسية فترة طويلة إلى مؤثرات خارجة سوف تعرّض هذه الأجهزة إلى الإرهاق وبالتالي فان أشارات التنبيه والاستجابة من هذه الأجهزة سوف تضعف وتتوقف, فمثلا عند الوقوف أو الجلوس لفترة طويلة تحت شلال ماء مع اخذ وضع التركيز للوصول إلى مرحلة الصفاء الذهني الداخلي بسرعة بسبب عدم الشعور باستجابة الأجهزة الحسية للمحيط, ومن ثم يأتي أطلاق الطاقة الدماغية بفكرة وحيدة ومسيطرة على اللاشعور لأداء العمل الباراسايكولوجي (سوف نأتي على ذكر التمارين ذات التأثير على أجهزتنا الحسية في الفصل الرابع).

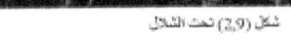

- تطوير المهارات:

في كل لحظة توجد هنالك الآلاف من الأفكار والتوقعات والتخيلات التي تمر بنا وقسم منها يتحقق لاحقا فيكون مميزا وعندها فيجب علينا أن نسجل وبدقة الفكرة التي نجحت والتي نعتقد بأنها كانت تقع ضمن نطاق عمل القوى الباراسايكولوجية, حيث ان الكيفية التي أتت بها هذه الفكرة سوف تسجل كذلك وبدقة ولهذا فعند تكرار أفكار ناجحة أخرى ولمدة طويلة من الزمن فاننا سوف نبدأ بفهم متى وكيف وأين تأتي الأفكار التي يمكن أن نثق بنجاحها أكثر من غيرها, حيث ان الوسيلة التي يجري بموجبها تحرير الطاقة الدماغية هي عملية أحادية لكل شخص أي بمعنى ان لكل شخص توجد هنالك طريقة وكيفية خاصة به لتحفيز أطلاق الطاقة الدماغية المتعلقة بالفكرة الباراسايكولوجية المستحوذة على كامل التفكير في ذلك الوقت, وبالطبع فأن الوصول إلى عملية الصفاء الذهني الداخلي وتهميش وحدة المنطق تكون متبعة أيضا خلال الفترة التي يتم بها تحرير الطاقة الدماغية لأداء عمل معين. وان بعض الأشخاص الذين تنجح عندهم القدرات الباراسايكولوجية أكثر من غيرهم يكون ذلك بسبب اعتمادهم على الموهبة بشكل أساسي وان عملهم يجري بطريقة فطرية وغير مدروسة ويمكن لهؤلاء الموهوبين تقوية قدراتهم بشكل كبير جدا إذا ما أقدموا على التدريب وأتباع تمارين التركيز وطرق الصفاء الذهني الداخلي. كما وان عملية التخلص من الرغبة الملحة التي تدفعنا لإنجاح العمل الباراسايكولوجي في سبيل تحقيق مطامع وأهداف وغايات لنا, هي مرحلة مهمة حيث ان شدة هذه الرغبات سوف تشوش على أفكارنا ومشاعرنا وسوف تؤثر بالتالي على حالة الوصول إلى الصفاء الذهني الداخلي وكذلك فأنها سوف تنشط الذاكرة بالأفكار الخاصة بالغاية المنشودة والتي بدورها سوف تنشط وحدة المنطق وتمنع تركيز الفكرة الباراسايكولوجية في اللاشعور.

- تحرير الطاقة الصافية:

في السايكوكينيزيا (والتي سوف نأتي على ذكرها لاحقاً) فأن صعوبة القيام بعمليات براسايكولوجية من هذا النوع تتعلق بالكمية الكبيرة من الطاقة الدماغية الواجب تحريرها لأداء عمل فيزياوي أو ذو نتيجة فيزياوية, ولكن إن قمنا بتركيز شديد حول تحرير الطاقة من عمل فيزياوي نؤديه ومهما كان بسيطاً فأننا سوف نستطيع أن نحرر طاقة صافية يمكن استغلالها لتوفير الطاقة الدماغية اللازمة للفكرة الباراسايكولوجية المراد عملها, والتي تقبع وحيدة في دماغنا ونحن في حالة من الصفاء الذهني الداخلي وفي حالة من الأيمان التام بكون الطاقة الصافية التي تم تحريرها من أدائنا للعمل الفيزياوي تكون كافية لإنجاح العمل المزمع.

وكمثال على عملية تحرير الطاقة الصافية للمساعدة في أداء مهمة باراسايكولوجية في التخاطر فأن المدعو (س) معجب بزميلته في العمل ويرغب في أن يجعلها تتصل به ولا يريد هو أن يبدأ الاتصال, فيبادر إلى الاسترخاء ومن ثم يصل إلى مرحلة الصفاء الذهني الداخلي ويدع فكرة جعل زميلته تتصل به تستحوذ على كل تفكيره في اللاشعور ومن ثم يقول لنفسه بأنه إذا ما أقدم على قطع احد أزرار قميصه فأن هذا العمل سوف يؤدي إلى جعل زميلته تتصل به حالاً (مع ملاحظة انه يستحسن تكرار نفس العمل الفيزياوي في جميع الحالات كي تزداد الثقة بالنفس وبنتيجة هذا العمل) ومن ثم يقطع زر القميص ويركز ذهنه على ان زميلته سوف تتصل به حالاً وبثقة تامة بنتيجة العملية.

ويجب عدم البدء بأعمال باراسايكولوجية كبيرة وصعبة وإنما نبدأ بالقيام بأعمال بسيطة وذات احتمالات بالنجاح والفشل ثم نقوم بأعمال اكبر وأكثر أهمية مع ازدياد النجاح والثقة بالنفس في الأداء.

ونسرد مثالاً آخر حول السيدة (ز) وهي تبحث عن الحب ولا تجده وذلك بسبب اعتقادها أو لأيمانها بأن احدهم قد أطلق عليها لعنه (طاقة دماغية ذات اثر سلبي) أو ان هنالك ظروفا صعبة تمنعها دائما من أن تتفاعل مع الأشخاص الذين يرغبون بالتقرب إليها وذلك بسبب طاقة دماغية سلبية تصدر منها هي, وعندها تحاول الوصول إلى مرحلة الصفاء الذهني الداخلي وتترك فكرة طرد كل الطاقة السلبية التي تتعرض هي لها في أثناء بحثها عن الحب تسيطر على تركيز اللاشعور ومن ثم تقرر بأنها لو قامت بفتح كل شبابيك البيت ولمدة خمسة أيام مثلا مع تبخير البيت ليلا فأن هذا كفيل بطرد القوى السلبية وطرد اللعنه عنها, وربما تفكر بأن عملية فتح كل الشبابيك سوف ينتج عنها دخول الغبار والحشرات إلى البيت ولكنها تقول لنفسها بأن هذا هو جزء من الثمن الذي يجب أن تدفعه للتخلص من اللعنة السلبية وان هذا التصور الأخير سوف يزيد من الثقة بنتائج العمل الفيزياوي الايجابية الذي قامت به, كما ويجب عدم محاولة تقليد أعمال فيزياوية قام بها غيرنا وإنما نترك طاقتنا الدماغية التي تصدر أثناء وصولنا إلى مرحلة الصفاء الذهني الداخلي تهيئ وتصور لنا نوع العمل الفيزياوي الذي سوف نتصوره في تلك اللحظة ومهما كان العمل الفيزياوي الذي سوف نتصوره بسيطا فأننا يجب أن نقوم به بثقة كبيرة وان نتذكر بأننا وفي حالة السايكوكينيزيا نحتاج إلى طاقة دماغية كبيرة جدا لأداء عمل فيزياوي صغير وان العكس يكون صحيحا, أي أن التركيز الصحيح والأيمان بجدوى العمل الفيزياوي البسيط الذي سوف نعمله فأنه سوف يؤدي إلى تحرير طاقة كبيرة صافية يمكن تسخيرها فورا لأداء العمل الباراسايكولوجي الذي نقوم به.

كما وان الاستمرار بربط أعمال فيزياوية صغيرة من اجل القيام بعمل باراسايكولوجي معين سوف يصبح ملازما لنا وان أنواع هذه الأعمال سوف تحددها الأفكار المستلهمة من طاقتنا الدماغية في حينها وتبعا للعمل الباراسايكولوجي, ولكن الاستمرار بربط

نتائج هذه الأعمال الفيزياوية مع أي شيء حولنا سوف يؤدي إلى تقليل نسبة نجاح عملية أطلاق الطاقة الصافية منها, وذلك بسبب ازدياد حالات الفشل والذي يعقبه ضعف الثقة بالنفس لأداء العمل الباراسايكولوجي والذي يعد هو الأساس في إنجاح العملية ولهذا فيجب عدم ربط كل الأعمال الفيزياوية التي سوف نقوم بها مع نفس الحدث أو مع أحداث ملازمة لنا, وإنما يجب أن نربط معظمها مع أحداث مستقبلية أو تخيلية أو فقط لتحرير الطاقة الصافية والتي سوف نشعر بها وبقوتها, وان نترك أعمالا فيزياوية محددة للاستعانة بها عند الضرورة الملحة لإطلاق الطاقة الدماغية الواجب استعمالها لأداء مهمة باراسايكولوجية محددة.

ان طاقة الإنسان الاحساسية محسوبة من الله بدقة لكي تكفي حواسه جميعا ولكن فقدان أي من هذه الحواس سوف يؤدي إلى توزيع طاقتها على بقية الحواس ومنها الحاسة الباراسايكولوجية السادسة فتزداد قوتها كنتيجة لذلك, فمثلا الشخص الذي يفقد حاسة البصر فان هذا الفقدان لواحدة من أهم حواسنا سوف يرافقه صفاء وقوة في الحواس البقية, وربما كان التركيز على قوة حاسة السمع لدى الشخص الضرير لان هذه الحاسة هي اقرب ما تكون له كبديل مساعد عن حاسة النظر والتي يحس من خلالها بالمحيط الذي يعيش فيه.

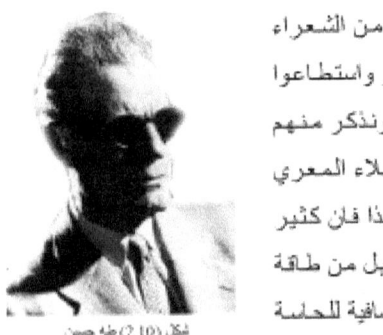

شكل (2,10) طه حسين

وعلى مر التاريخ فان الكثير من الشعراء والعلماء كانوا فاقدين لحاسة البصر واستطاعوا أظهار عبقرية فذة رغم ذلك, ونذكر منهم الأديب طه حسين والشاعر أبو العلاء المعري والذي نذكر بعض من شعره, ولهذا فان كثير من تمارين التركيز تستدعي التقليل من طاقة حواسنا الخمس كي تعطى طاقة أضافية للحاسة الباراسايكولوجية والتي يستدعي عملها أن تكون

ذات طاقة كبيرة لكون تحولات الطاقة البار اسايكولوجية إلى الأنواع الأخرى من الطاقة المعروفة سوف يرافقه هدر في قسم من هذه الطاقة.

هذا جناه أبي عليّ   وما جنيت على أحد

****

ثلاثة أيام هي الدهرُ كلهُ   وما هنّ غير الأمس واليوم والغد

وما البدر إلا واحدٌ، غير أنه   يَغيبُ ويأتي بالضياء المجدد

****

كأنّ حواءَ التي زوجها   آدمُ، لم تُلقحْ بشخص أريبَ

قد كثرت في الأرض جُهالنا   والعاقل الحازم فينا غريب

****

يا ليت آدمَ كانَ طلقَ أمَّهمْ   أو كان حرمها عليه ظِهارُ

ولدتهم في غير طهر عاركاً   فلذاكَ تُفقدُ فيهمُ الأطهارُ

****

عِش بخيلاً كأهل عصركَ هذا   وتباله، فإنّ دهركَ أبلهْ

****

وردتُ إلى دار المصائب مجبراً   وأصبحتُ فيها ليس يعجبني النقل

وللحيّ رزقٌ ما أتاهُ بسعيه   وعقلٌ ولكن ليس ينفعُهُ العقلُ

****

أنا أعمى فكيف أهدى إلى المنـ   ـهج والناسُ كلهم عُميان

مقتطفات من شعر أبو العلاء المعري

الفصل الثالث: تصنيفات قوى الباراسايكولوجي

ان الأعمال التي تؤديها لنا قوى الباراسايكولوجي والذي نرمز له (PSI) كثيرة وغير محددة ولكننا نستطيع أن نقوم بتصنيفها إلى فئتين أساسيتين حسب طريقة عمل كل منهما

1. الإدراك الحسي الفائق (Extrasensory Perception)، والذي نرمز له (ESP) وتظم هذه الفئة كل المهارات الادراكية والتي تتعلق بجلب المعلومات للإنسان بواسطة طرق مستندة على قوى الباراسايكولوجي.
2. السايكوكينيزيا (Psychokinesis)، ونرمز لها (PK) وتظم المهارات الابرازية والتي تتعلق بسيطرة العقل على المادة الجامدة أو الحية لأداء عمل فيزياوي أو ذو نتيجة فيزياوية ذات دليل دامغ وبارز. ويمكن أن تعد القدرات في هذه الفئة على إنها قدرات هجومية.

وقبل أن نأتي على ابرز المهارات الباراسايكولوجية لكل من الإدراك الحسي الفائق (ESP) والسايكوكينيزيا (PK)، فإننا يجب أن نعرف بأن الإنسان عادة يستعمل مجموعة من المواهب مجتمعة لأداء مهمة باراسايكولوجية معينة، ولكننا نركز على واحدة أكثر من البقية لتعلقها بالموضوع مباشرة ولكونها أساسية في تحقيق الهدف للشخص ذو القدرة الذهنية الخارقة.

وفيما يلي نستعرض أهم أنواع القدرات الباراسايكولوجية من الفئتين

- التخاطر (Telepathy):

ويقع ضمن مجموعة الفئة الأولى من القوى الباراسايكولوجية في الإدراك الحسي الفائق (ESP) وهو عملية اتصال عقلي بين شخصين حيث يتم خلالها تبادل المعلومات فيما بينهم أو أن يحصل احدهما على معلومات يمتلكها عقل الشخص الأخر من دون

اعتبار للمسافة الفاصلة فيما بينهم, ودون تدخل حواسهم الخمس (النظر واللمس والسمع والذوق والشم) في عملية اخذ وإعطاء المعلومات.

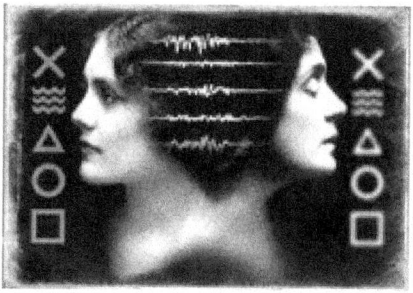

شكل (3,1) التخاطر

وفي حياتنا اليومية فأننا نحتك ونخالط أشخاص قدامى لنا وجدد في كل يوم ونسعى إلى تبادل مختلف المعلومات معهم والتي ينتج عنها تبادل في الأحاسيس والمشاعر أيضا, فما الذي يحدث كنتيجة لتبادل المشاعر هذا ؟

لقد تطرقنا في موضوع الهالة المعلوماتية للإنسان في الفصل الأول حول استنساخ أجزاء من معلومات هذه الهالة في الأمكنة التي نزورها وكذلك فإننا وعند تبادل المعلومات والمشاعر مع الناس فان قسما كبيرا من هذا التبادل سوف يجري بواسطة الهالات المحيطة بكل منا والذي ينتج عنه معرفة ابتدائية لبعض الأشياء والمعلومات عن حياة وتاريخ وتصرفات هذا الشخص وحسب قدراتنا العقلية في تمييز الإشارات القادمة لنا من الهالة, وان عملية تفسير هذه الإشارات سوف تكون أسهل في حالة كون الشخص ذو صلة واحتكاك كبير معنا لأنه وبمرور الزمن فان تعلمنا على تفسير الإشارات المقتبسة من هالته الخاصة سوف تأخذ وقتها وبالتالي فان العملية سوف تصبح أسهل من ناحية الشعور بمضمون الإشارات القادمة من هالة كل منا نحو الآخر.

كما وان كثير من الأزواج السعداء أو الذين يمضون فترات طويلة معا ويحرصون على الانفتاح في تبادل المشاعر مع بعضهم البعض, فإنهم يبادرون إلى قول نفس الشيء أو فتح نفس الموضوع وبنفس الوقت ومن دون أي إشارة خارجية أو تدخل لحواسهم الخمس وهذا بسبب فهم كل منهما إلى الإشارات القادمة من هالة الشخص الآخر, وفي حالات كانت فيها قوة الترابط الزوجي حميمة وعلى أشدها فان الزوج الذي فقد زوجته

مثلا سوف يبقى يحس ويشعر بوجودها معه ويكونها ترى وتسمع ما يفعله ويقوله وان كان عقله المنطقي يذكره باستمرار بأنها قد فارقت الحياة, حيث ان إحساسه هذا مبني على قوة فهمه للإشارات القادمة من هالة زوجته والتي بقيت في المكان أو التي استطاع هو التخاطر معها وهي في أماكن أخرى بعيدة وبالتالي فانه وفي كل مرة يحدث فيها هذا التخاطر سوف يأتي بمعلومات جديدة من هالة الزوجة وهذا ما يسبب له الشعور بأنها حاضرة وتتجاوب معه في أمورهم.

وكذلك فان عملية التخاطر تصبح أسهل في حالة كوننا متفتحي المشاعر أي بمعنى إننا غير سلبيين تجاه الأشخاص الذين ننوي اخذ أو تبادل المعلومات بواسطة التخاطر معهم, وهذا لأننا وفي حالة وجود مشاعر بالحقد أو الغضب تجاه شخص معين فإننا لا نميل إلى تقبل أي شيء منه وطبعا من هالته أيضا ولهذا وجب علينا أن تكون مشاعرنا ايجابية أو على الأقل محايدة لنتمكن من تقبل معلومات من هالته ومن دون أن ترفض في

اللاشعور لدينا, كما وان بعض الأشخاص المقربين منا سوف يتأثرون بوضعنا الحالي بصورة مباشرة. ففي بعض الأحيان وأثناء حدوث مشكلة معينة فجأة يتصل بك احد الأصدقاء المقربين ليقول لك بأنه قد شعر بالقلق عليك وان لم يكن يعلم بحدوث المشكلة, ولكن التخاطر القوي مع هذا الشخص المقرب قد أوصل إليه الحالة التي تعيشها وإذا لم يكن ذو مقدرة جيدة في فهم الإشارات الباراسايكولوجية فانه سوف يشعر أخيرا بالقلق عليك بدل أن يفهم الحالة بالتفصيل وحسب الفكرة الباراسايكولوجية التي انطلقت منه واستفسرت عن أحوالك أو انطلقت منك لتوصل له المستجدات التي حدثت معك.

هل ذهبت في يوم ما إلى محل بضائع وأقنعك البائع وحتى من دون أن يقول الكثير, بشراء سلعة معينة ولكنك وفور وصولك إلى البيت اكتشفت بأنك لا تحتاج إلى هذه السلعة وانك كنت شبه منوّم أثناء شرائك لها فما الذي حدث لك وغيب رأيك في أثناء الشراء؟ ان الذي حدث ببساطة هو انك قد تعرضت إلى عملية إيحاء لشراء هذه السلعة

بواسطة التخاطر من قبل البائع الماهر في هذه القدرة الباراسايكولوجية, حيث انه أقدم أولا على فتح مشاعرك تجاه تقبل أي شيء منه متبعا اللغة الأقوى في العالم وهي الابتسامة الشفافة والرقة في التعامل, ومن ثم شرع بالتفكير بجدوى وفائدة هذه السلعة بالنسبة إليك وعندما وصلت هذه الفكرة إلى ذروتها في رأسه بدأ بإرسالها بواسطة التخاطر واستمر بعملية الإرسال حتى أثناء تخاطبك معه أو سؤاله عنها أو عن أي شيء آخر, وحتى تقبل وأنت شبه نائم على عملية الشراء ولكن حال وصولك إلى البيت فأن العقل المنطقي سوف يبدأ بالتفكير بجدوى هذه السلعة فتكتشف بأنك لا تحتاجها.

ان عملية التضليل في التخاطر تشبه إلى حد كبير عملية إرسال الفايروسات إلى جهاز كومبيوتر معين فأن أول خطوة هي تحايل الفايروس المرسل لكي يمر من برامج الحماية الخاصة بالكومبيوتر وفور مروره فأنه يشرع في توجيه أجزاء الحاسبة لأداء أعمال غير تلك التي نريدها نحن وبالتالي نفقد السيطرة على الحاسبة وحسب توجيهات الفايروس المسيطر. وكذلك فان الإنسان يستطيع الإفادة من عملية تحرير الطاقة الصافية (والتي ذكرناها في الفصل الثاني) في زيادة قوة التخاطر, فمثلا وأثناء قيام المدرس بامتحان احد الطلاب شفهيا في مادة معينة ولم يكن الطالب المسكين قد درسها كلها فيشرع الطالب إلى التفكير فقط في المواد التي كان قد درسها جيدا ومن ثم يقول لنفسه بأنه (مثلا) إذا ما بدأ بإمساك الأقلام بكلتا يديه وبقوة فان هذه العملية تكون كفيلة لجعل أسئلة المدرس حول هذه المواد التي درسها فقط, أما إذا اخطأ الطالب من شدة خوفه وشرع يفكر بالمواد التي لم يدرسها فأن هذا سوف يقود المدرس إلى سؤاله عن تلك المواد أيضا حيث يلعب التخاطر الذي قام به الطالب حول إرساله لمعلومات عن المواد التي هي في عقله إلى المدرس كل العملية, وكذلك فان المدرس الغير سلبي تجاه تلميذه كان قد أصغى إلى الإيحاء القادم له.

وفي السياسة وأثناء سماع الخطب الرنانة من كل الأطراف والتي تستخدم التضليل والتخاطر لإرساله إلى المستمعين المفتونين برقة وابتسامة المتحدث

شكل (3.2) احد السياسيين

الساحرة, فإن المستمع الجيد أو الشخص الغير راغب باستقبال الإيحاء القادم من أي طرف نحوه فإنه يشرع إلى زيادة نشاط وحدة المنطق في دماغه هو وكذلك إلى عدم السماح لأي مشاعر ايجابية تجاه أي من المتحدثين لكي لا تقوم بفتح تقبله للتخاطر مع هؤلاء الأشخاص.

كما وان بعض الأشخاص من المهتمين بتربية الحيوانات لديهم القدرة على التفاهم معها وجعلها تتجاوب معهم أكثر من غيرهم, وخاصة الحيوانات التي يكون لها مستوى معين من الذكاء مثل الحصان والدولفين والفيل والشمبانزي وغيرها والتي لها القابلية على استخدام بعض الإمكانيات الفكرية البسيطة, مما يعطي الانطباع بكونها ذات مخيلة وهو الأمر الذي يسهل أجراء عملية التخاطر معها من قبل الشخص المربي لها, حيث يصبح التخاطر هو اللغة المشتركة فيما بين الإنسان والحيوان.

- الاستبصار والهواجس (Precognition and Premonitions):

ويقع ضمن مجموعة الفئة الأولى من القوى الباراسايكولوجية في الإدراك الحسي الفائق(ESP) ويتعلق بجلب معلومات غير قابلة للاستنتاج حول

شكل (3.3) الاستبصار

أحداث مستقبلية.

لقد قرأنا عبر التاريخ عن العديد من الملوك والحكام ذوي الشأن والذين كانوا لا يقدمون على أي شيء مهم من دون استشارة العراف الخاص بهم وخاصة في

أوقات الحروب , حيث رويت قصص كثيرة عن صحة التنبؤات التي قدمها العرافون للملوك والسلاطين ونذكر منها النبوءة التي قدمتها زوجة القيصر الروماني يوليوس قيصر له حيث إنها كانت قد حلمت بمقتله خلال دخوله إلى مجلس النبلاء , وتمت عملية الاغتيال وفقاً لروايتها.

وان المتبصر أو الشخص الذي يروم قراءة أحداث مستقبلية لموضوع معين وجب عليه بعد الوصول إلى حالة الصفاء الذهني الداخلي ومرحلة الاتزان في المشاعر , أن يطرق السؤال حول الشيء الذي يريد أن يعرفه وان يستقبل الجواب القادم إلى الهالة ومنه إلى الدماغ بعدة طرق وحسب طريقة الإشارات التي يكون أفضل في قراءتها ويمتلك خبرة فيها , فمثلا هنالك مجموعات تكون أفضل في قراءة الإشارات القادمة عن طريق ورق اللعب فيقوم المتبصر والذي يمتلك معلومات تقليدية عن الشيء المراد الاستعلام حوله , وبعد الاستعداد والوصول إلى مرحلة الصفاء الذهني يقوم بتخيل الشيء وما حوله ومن ثم وهو في غمرة الاستعداد في اللاشعور يطرح السؤال ويفتح احد أوراق اللعب وعند ذلك يبدأ بربط المعلومات التي وفرتها صورة الورقة مع مستقبل الشيء الذي استعلم عنه , وكذلك الحال مع عملية رمي الأحجار أو النرد فبسقوطها واستقرارها سوف توفر معلومات معينة يمكن تخيل علاقتها بمستقبل الحدث المستعلم عنه , أما في عملية قراءة الفنجان والتي هي شعبية أكثر من غيرها بسبب إمكانية التخيل العالية التي توفرها بقايا القهوة في أسفل وعلى جوانب الفنجان.

فقبل شرب الفنجان سوف يطلب الشخص المتبصر من الإنسان الراغب بقراءة مستقبلية لحدث معين في حياته مثلا بأن يفكر في الحدث ومن ثم يطرح سؤاله حول مستقبل الحدث ويشرب الفنجان وبعد ذلك يقلبه على الصحن وينتظر قليلا

شكل (4,3) قراءة الفنجان

52

لتجف بقايا القهوة في داخل الفنجان ومن ثم يأخذ الشخص المتبصر الفنجان ويبدأ بالتخيلات ويحاول تصويرها إلى الشخص صاحب الشأن وفقا لرموز شائعة للمتبصر فمثلا وجود قاع فنجان غامقة تعني وجود مشكلة ووجود خطوط على جوانب الفنجان تعني وجود طرق معينة للسفر مثلا في الفنجان الذي يحتوي على صورة مثل صورة الطائرة وهكذا وحسب مخيلة المتبصر والأشياء المتعارف عليها بالنسبة له.

وتفسيرها علميا هو ان الإشارات الحاملة للمعلومات المستقبلية التي استفسرنا عنها والقادمة إلى هالتنا ومن ثم باتجاه الدماغ سوف تكون مسؤولة عن توزيع بقايا القهوة في الفنجان وتبعا لقوى السايكوكينيزيا لدينا, حيث إننا قد ذكرنا سابقا بان الإنسان يستعمل مجموعة من قدراته البار اسايكولوجية سوية لأداء المهمة المطلوبة, أو ان الإشارات القادمة من هالتنا باتجاه الدماغ سوف تنتقل إلى دماغ المتبصر بواسطة التخاطر ومن ثم تقوم الطاقة البار اسايكولوجية لدى المتبصر برسم صور القهوة في الفنجان وفقا للرموز التي يعرفها هو فتكون القراءة أوضح وأدق كونه أكثر مهارة وخبرة في استخدام هذه الطريقة ولهذا فاننا نفضل أن نشرب الفنجان بحضور الشخص المتبصر.

وكذلك فان بعض الناس يعتمدون على قراءة المعلومات المستقبلية بواسطة حركة الأبخرة المتصاعدة واتجاهها, أو بواسطة الصورة المتخيلة من حركة الماء الذي انغمست فيه يدنا بعد أن كنا قد سألنا السؤال المستقبلي.

أما بالنسبة إلى الأحلام فقد سجل بان الكثير من الناس يمتلكون القدرة على رؤية أحلام مستقبلية وتتحقق بصورة دقيقة لاحقا حيث ان الوضوح والدقة في الأحلام يعود إلى غياب وحدة المنطق بصورة كلية في أثناء نومنا العميق مما يتيح للإشارات البار اسايكولوجية القادمة إلى العقل بان تتجسد بكل وضوح لأن الرقيب عليها قد زال,

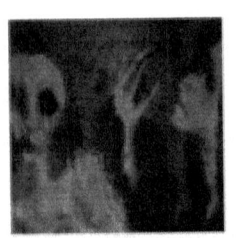

شكل (3.5) الأحلام

53

وهو وحدة المنطق في العقل والتي تدحض كل أشارة قادمة لنا من قوانا الباراسايكولوجية كون أساسها غير محسوس ماديا أو منطقيا من قبلنا وبعد ذلك فإذا ما كان الإنسان مهتما بموضوع معين وهو ذو ثقة بتحقق أحلامه فان هذا سوف ينشط لديه تحول الإشارات الباراسايكولوجية القادمة في أثناء نومه إلى أحلام ذات اتصال بالواقع الذي استفسر عنه وبمستقبله وبصورة كبيرة. أما متى يصل الجواب وفي حلم أي يوم بعد أن طرح سؤاله المستقبلي فان ذلك يعتمد بصورة كبيرة على قوى هذا الشخص الباراسايكولوجية, وكذلك على عوامل عديدة منها انشغال عقله بأمور أخرى أو بالطريقة التي طرح فيها سؤاله حول مستقبل الأحداث المتعلقة بالموضوع.

وان بعض الأشخاص الذين تكون لنا معهم صلة وثيقة وتشتمل علاقتنا بهم على اتصال جسدي ومن أي نوع, كأن تكون علاقة زوجية أو حتى مجرد مصافحة وتربيت على الظهر فأن هذا الاتصال الجسدي معهم سوف يصاحبه اتصال بالهالات أيضا, ومنها سوف يصبح أسهل لنا أن نفهم الإشارات القادمة من هالتهم إلينا (وكما بينا ذلك في موضوع التخاطر) وإذا ما كانت لنا مقدرة جيدة بقوى الاستبصار فان تنبؤنا بأحداث تخص هذا الشخص القريب منا سوف تأتي إلينا بأي صيغة كانت وحتى بأحلام النوم أو اليقظة (والتي تسمى بالرؤيا), أو بشعور داخلي وتصوّر يجسد الحالة المستقبلية التي سوف تحصل له, ومن هذا فأن بعض المتبصرين يسعون إلى أجراء اتصال جسدي مع الأشخاص قبل بدء الاستبصار لهم مثل مسك الأيادي أو العناق, ولكن بكل الأحوال فأن هذا لن يكون بقوة الاتصال الجسدي بين الأزواج مثلاً كونه يتم لفترة طويلة ويكون مصحوبا بالمشاعر الايجابية والتي تجعل تقبلنا أفضل للإشارات القادمة منهم وبالعكس.

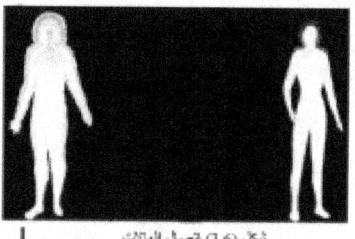

شكل (3,6) اتصال الهالات

ونرفق فيما يلي أجزاء من قصيدة الشاعر والمنجم سنيجر في التنبؤ حول المستقبل في العراق والتي وضعها في عام 1823 وهي باللغة العامية مع بعض المصطلحات الآرامية. وحسب رأينا فأن قسما كبيرا من أجزاء القصيدة قد تحقق فعلا وهي تحتوي على بعض المعتقدات الدينية الممزوجة مع التنبؤات والتي لم تذكر كلها كما ويوجد احتمال ببعض التقديم والتأخير في الأبيات.

1. يقول الفتى المسمى سنيجر	وقولي جواهر من در البحاره
2. قولا معرب ما فيه نقيصة	كتبته بطرس تبدع ادواره
3. قولا منظم من قلبي مخفى	مبين عند ذلك بالجهاره
4. نبدي مثل للطيبين جهرا	حديث موزون ملفوظة أشعاره
5. تصاريف الوقت عسرت عليته	وهذا الوعد بالأفلاك داره
6. اخبركم خبر يصعب عليكم	نظمته عن علم وعن خباره
7. يجيكم زمن يكفينه الله شره	بيه الجار ما ايأمن بجاره
8. ويفرح بيه لو طاح بنقيصة	ووده يرحله من وسط داره
9. وابن العم بغيض لأبن عمه	يفرح بيه لو طاح بخساره
10. والأخوان لو ناموا يتحالفون	ويحطون بينهم عهد الله جهاره
11. ولا ولد يصفه لأمه وأبوه	تتشابه ازغاره اعله كباره
12. وتلكه لمة الاجواد قلت	وكل جار صار يتحايل بجاره
13. وما تلكه واحد ينادي بالصحيح	وجمع الاجواد ما منهم أخباره
14. ويجينه دور بلا مهر نمهر	سفاح المهر بالوقت داره
15. وبدورنه كم من عجايب رأينه	ويضيك الدهر بين ملون عشاره
16. ويظهر شي بالأرض دوم يمشي	وشي ياخذ خبر ويجيب الاخباره
17. وتظهر سفينة مصنوعة من خشب	وتطير بالهوا كالطير اذا طاره
18. وتظهر سفينة يسمونها المركب	وما تمشي بالبحر إلا بناره
19. ويظهر شي مصنوع من الخشب	تعجب بلحنه ويغني جهاره
20. وتظهر بالسمه نجمه عجيبة	لها ذيل بلونها والها حراره
21. ومن مصر يجينه حاكم خارجي	ويذبحنا بحد سيفه جهاره
22. ويحكم حكم بالوقت عسفا	ويخلي الدمه فوك الأرض جاره
23. وينتبه باسم عيسى	ويواطيها بلا وعد وقداره
24. وأربعين عاما عيسى حاكم علينه	وكل البلد يغدي منه دماره
25. وما بين العراق وبين كرخه	تسيل الدمه لرسوغ المهاره
26. وما بين الكرختين تصير ذبحه	من الفجر الى ثاني النهاره
27. وتقيم الحرب سبعة كوامل	وتهتز الأرض وابليس داره
28. والزحف كل يوم وكل ساعة	وتظل الدمه فوك الارض جاره
29. وفيها يظهر صراف ظاهر	ويصرف كل مايات الأهواره
30. وبعدها يزول كل دجال ظالم	من ارض فارس في لمح الابصاره

31. ونأمل بالسلم والكون يبطل ولكن فالنا يخيب بخساره
32. حيث تجينه عساكر من بعيد وعلى شط الفرات تصير غاره
33. ويأتي من البعد قوم او غاد كلهم كفار واكبر كفاره
34. مبحرين بعدد القين خشبه ومثلها القين تحميهم بالبحاره
35. ويخربون الأرض شرقا وغربا ونخسر بالحرب يلما خساره
36. أيا ويل البصيره[1] ثم ويل أهلها تدخلها بدو تدمرها دماره
37. وتخرب ارض بابل من منابتها وتغدي ديارها سود الحجاره
38. ويبقى قليل من بعض الخيارى ويبقى بعض من يعطي اخباره
39. ويعم القحط في بلد بابل ويصير الخبز في لون الغباره
40. ويقل الأبيضين أبكل منزل وحتى الملح من ايران طاره
41. ولا مايات من ماري[2] تجينه ولا بركة زرع بيهن غزاره
42. والبزرع فلا فوكه مزيده صاع بصاع بالقمصي قداره
43. ويظهر قرقدان ابيض ثم احمر ويغدي الذبح ما بين الكفاره
44. ثم يدورون أبلويتهم علينه والظلوا من بعدنا يذوكون المراره
45. ويكولون لو مثنه بدور جدودنا ولا ضكنا هالعذاب وهالقهاره
46. واول مايدور الظلم بينه ونغدي بالحزن ما منها فراره
47. وثاني الوعد كل واحد بقريه ذليلين ومن بعد صغر صغاره
48. وثالث كالذبايح بيد بايع ولا ناصر يقينه ذل اليساره
49. ورابع ما ندوس الأرض يمهم ومثل الكورية يذب اله حجاره
50. وخامس كل صباح اله نحيب ودمع العين عالوجنه غزاره
51. وسادس من ظلمهم تصير جرقل ويبقى قليل من بعض الخيارى
52. وسابع يظهر الدجال مسرع ويواطيها كلها بر وبحاره
53. وتأتي من بني اصفر عساكر ومثل جراد البر إلها انتشاره
54. ويظهر آجوج وماجوج شرقا طوله شبر وعرضه فتاره
55. ولا نهر سيحون لهم يروي ولا دجلة والفرات القهاره
56. وتظهر عساكر سلطانهم حرمه مذكور عدله اتصير الها اخباره
57. وتؤمر بالحكم عشرين عاما وتجلس عالتخت بين الوزاره
58. وبعدها تحكم الشيخه ام لحية وعسكرها نسه كلهن جهاره
59. ويظهر الدجال بأسم عيسى ويدمر هالبلد شر دماره
60. ويظهر المهدي من بعد مدة يقوم أبأمر من ماري القهاره
61. ويصول صولتين بانعم صولته ويخفي الزوال من عج الغباره
62. وتتدرج السمه بنص شهر عاشور ويصير الزوال في فتر وشباره
63. وكل ملة ختر عليها يظهر والكل تقوم احياء بقدرة قداره
64. واهل الخير يأتيهم الخير واهل الشر تأتيهم أشراره
65. هذا ما بان عندي في كتابي مؤكد مؤرخ منقط باليساره
66. ومن بعد الصلاة اعله النبوه ما طلعت شمس والنجم ساره

(1) البصيره: البصرة. (2) ماري: الخالق باللغة الأرامية

• الرؤيا عن بعد (Remote Viewing):

تقع هذه الموهبة ضمن مجموعة الفئة الأولى من القوى الباراسايكولوجية في الادراك الحسي الفائق (ESP) أيضا, وتتعلق بالمقدرة على أدراك ورؤية أمكنة واشخاص وأحداث خارج نطاق حواسنا الخمس الاعتيادية

شكل (3,7) الرؤيا عن بعد

حيث تسافر قوى البصر وتذهب لزيارة تلك الأمكنة لترى تفاصيلها وخواصها ولنتذكرها بعد عودتنا إلى نقطة الانطلاق, وان كثير من الأشخاص ذوي إمكانيات على هذه الرؤيا والتي عادة تحصل لأي واحد منا, ولكن تكمن الصعوبة في تمييزها عن المخيلة الخصبة وأحلام اليقظة والتي يلجأ إليها الدماغ في حالة الإرهاق أو الحالة النفسية المتأزمة فنجد كثير من الطلاب يستغرقون في أحلام اليقظة خلال الامتحانات, وذلك بسبب تعب وإرهاق وحدة المنطق فتارة تلجأ إلى أحلام اليقظة وتارة أخرى إلى إضفاء شعور بالنعاس على الإنسان.

ونذكر من التاريخ حول الأشخاص ذوي الإمكانية في الرؤيا عن بعد زرقاء اليمامة حيث كانت هذه البدوية الجميلة وذات العينين الزرقاوين مشهورة برؤيتها عن بعد,

وبدأت حكايتها عندما أخبرت أهلها بأن هنالك ثلاثة أشخاص قادمون باتجاه قبيلتها وهم على مسيرة ثلاثة أيام منها, (وتقاس هذه المسافة في وقتنا الحالي بحوالي 150 كم تقريبا) وطبعا لم يصدقها أهلها ولكن بعد مرور الأيام الثلاثة قدم الضيوف وفق ما وصفتهم زرقاء اليمامة, ومنها ذاع صيتها في الرؤيا عن بعد ولكن بسبب قصور فهم الناس وجهلهم بإمكانيات دماغ الإنسان في ذلك الوقت اعتقدوا بأن رؤيا اليمامة البعيدة هي بسبب حدة بصرها, ولكن حدة البصر وفق قياساتنا الحالية الدقيقة لا يمكن أن تكون كفوئة لكي ترى مسافة 150 كم وأيضا تكون هذه العملية مستحيلة بسبب كروية الأرض والتي لا تسمح بأن نرى الأشخاص أو الأشياء على هذا البعد الكبير حيث انه سوف يكون مغطى بالانحدار في سطح الأرض, ولقد كانت قوة اليمامة في الرؤية عن بعد ثابتة ومستقرة حتى ان قبيلتها اعتمدت عليها في رصد تحركات الجيوش الغازية لهم فكانت اليمامة مسؤولة على تحذيرهم عن الغزوات القادمة للقبيلة, والى يوم حذرت فيه اليمامة قومها من أنها ترى أشجارا تسير نحوهم وفعلا كان الأعداء الذين خشوا من أن تراهم اليمامة قد قطعوا الأشجار وحملوها للتمويه ولكن قوم اليمامة سخروا منها وقالوا لها بأنها تهذي فكيف تسير الأشجار, وعند صباح اليوم التالي فوجئوا بالغزاة الذين اقتلعوا عيني اليمامة وماتت بعد بضعة أيام.

شكل (3,8) مسافرون في الصحراء

ان قوة اليمامة في الرؤيا عن بعد قد كان بسبب تحفيز الدماغ لها بكون عينيها الزرقاوين والنادرتين في ارض الجزيرة العربية ذات إمكانية فريدة, فأصبحت تستقبل الإشارات الباراسايكولوجية حول أسئلتها الاستفهامية عن الأشياء البعيدة عنها بواسطة الرؤيا عن بعد ولما كان أيمانها بقوتها هذه يزداد مع كل نجاح يتحقق لها فأن قوتها بقيت ثابتة ومستقرة.

وفي كل يوم يمر فانه يوجد هنالك من يفقد شيئا ولا يجده أو من يشتاق إلى شخص بعيد عنه ولا يستطيع السفر والذهاب إليه فيعمد إلى تخيل المكان الذي يوجد به حالياً هذا الشيء أو ذلك الشخص, وكيف يبدو؟ وتبدأ التفاصيل بالوضوح شيئا فشيئا, ولكن ما أن تعمل وحدة المنطق وفي أجزاء قليلة من الثانية حتى تلغي كل هذه الرؤيا وتصورها لنا على أنها كانت من المخيلة بسبب افتقادها إلى الأساس المادي والمنطقي بالنسبة لنا وهذا هو المحدد الأساسي لقدراتنا الباراسايكولوجية بصورة عامة.

وان الكثير من الذين يزورون أماكن أو يلتقون بأشخاص لأول مرة يتبادر إلى ذهنهم بأنهم قد رأوا هذا المكان وإنهم قد التقوا بهذا الشخص من قبل, وان هذه الحالة تكون أقوى عند الأشخاص الموهوبين في القدرات أكثر من غيرهم, حيث ان طاقة هؤلاء الباراسايكولوجية وأثناء استعلامهم عن المستقبل في اللاشعور (وهو سؤال يطرحه كل منا على نفسه في معظم الأوقات), تسافر هذه الطاقة إلى المستقبل وتعود لنا بإشارات عن الأمكنة والأشخاص الذين سوف نزورهم وعندها تعمل لدينا المقدرة في الرؤيا عن بعد بسبب التشوق لزيارة هذه الأمكنة أو التقاء هؤلاء الأشخاص فتأتي إلينا الرؤيا بصور وكلمات ومواقف تبقى محفوظة في ذاكرتنا حتى إذا ما مرت الأيام ودقت الساعة التي نزور أو نلتقي فيها بالأماكن والأشخاص فأن هذه الذكريات تنشط وتعاد إلينا بتطابق تام مع الواقع الذي نعيشه.

ولقد أجريت الكثير من التجارب حول العالم في اختبارات الرؤيا عن بعد, فقد استعان كثير من الناس الذين فقدوا أشياء ثمينة لهم بأشخاص ذوي قدرة في الرؤيا عن بعد لإيجادها, بل وان بعض قوى الأمن والاستخبارات في العالم كانت ولا تزال تستعين بأشخاص ذوي مقدرة في الرؤيا لمعرفة مكان المخطوفين أو أوكار الإرهابيين والمجرمين لإلقاء القبض عليهم.

ولما كانت الطاقة الباراسايكولوجية غير محددة بالزمان والمكان فأن بعض ذوي القدرات تجرؤا على محاولة رؤية أجزاء من الكون والمجرة حتى أن هنالك من توصلوا

إلى وصف بعض تضاريس كوكب المريخ بواسطة قدراتهم, وقد سجل فيما بعد نجاحهم في وصف التضاريس المريخية بنسبة 63% وهي نسبة مرتفعة.

- الاستماع الخارق (Super Listening):

شكل (3,9) الاستماع الخارق

تقع هذه الموهبة ضمن مجموعة الفئة الأولى من القوى الباراسايكولوجية في الإدراك الحسي الفائق (ESP) وتتشابه هذه المقدرة مع الرؤيا عن بعد ولكنها تتعلق باستلام الإشارات الباراسايكولوجية عن طريق السمع وليس الرؤيا, فمثلا بواسطة الاستماع الخارق نتمكن من سماع أحداث تدور في أماكن بعيدة عنا وخارج نطاق السمع الاعتيادي لنا, فنستمع إلى حديث يدور حولنا أو حول أمر يهمنا بين مجموعة من الأصدقاء أو الأقارب لتصلنا عبارات محددة تم قولها في تلك الجلسة ولنتذكرها لاحقا في أثناء لقاءنا مع هؤلاء الأصدقاء مستقبلاً ونذكرهم بها, وهنالك من يسعى إلى استماع عبارات وأصوات من أشخاص فارقوا الحياة عن طريق الاتصال بهالات الموتى واستلام الجواب بأصوات هؤلاء.
ويجب أن لا ننسى بأن عقلنا هو الذي يحفز الوسيلة التي نستقبل بها الإشارات القادمة من القوى الباراسايكولوجية لدينا أو لدى الأشخاص الذين يتصلون بنا, وعلى أساس الثقة بالنفس وبالقدرات.

- السايكوكينيزيا الاستنتاجية (Deducing Psychokinesis):

وتقع هذه المقدرة ضمن مجموعة الفئة الثانية من القوى الباراسايكولوجية وضمن السايكوكينيزيا (PK), وتتعلق بمقدرة القوة الباراسايكولوجية للإنسان على أحداث تغيير محسوس في مجريات المستوى الطبيعي للحظ, ونحتاج إلى الآلات والتحليل الإحصائي لإثبات تأثير الحالة الباراسايكولوجية في الموضوع واستنتاج تدخلها.

وان هذا النوع من القدرات السايكوكينيزية لا يحتاج إلى تحرير مقدار كبير من الطاقة الدماغية ولهذا فأن أكثر المختبرات ومراكز البحوث المختصة بعلم الباراسايكولوجي تعتمد على أجراء تجارب في هذا المجال حيث أنها أسهل في الإثبات وتتناسب مع مستوياتنا الحالية المبتدئة في القوى الباراسايكولوجية, بينما تركت الأنواع الأخرى الصعبة من السايكوكينيزيا مثل السايكوكينيزيا الواضحة والسايكوكينيزيا الأحيائية إلى مراحل متقدمة أكثر في القدرات الباراسايكولوجية. وكمثال على القدرات في السايكوكينيزيا الاستنتاجية فأننا سوف نحاول أن نستخدم احد برامج الكومبيوتر التي تقوم بإعطاء رقم عشوائي كل 10 ثواني, وان مهارتنا في هذا النوع من السايكوكينيزيا تقوم على محاولة تغيير الرقم الحالي إلى آخر نحدده نحن أي بسيطرة قوانا على سير العملية العشوائية, لأن نتائج الدالة العشوائية المستخدمة في البرنامج غير قابلة للاستنتاج أو للتنبؤ بكون الرقم الجديد سوف يخضع لاختيارنا نحن واختيار الشهود ولن يترك لكي يعرف بواسطة قوانا في الاستبصار, كما وان الصدفة المتحققة في اختيار رقم من قبلنا ويصدف أن تختاره الدالة العشوائية أيضا في نفس الوقت سوف تقل عن طريق عمل الإحصاء لنتائج عمل هذه الدالة مع تأثيراتنا ومقارنتها مع التوزيع الإحصائي للنتائج من دوننا والذي هو معروف سلفا أثناء دراسة تصرفات الدالة العشوائية.

- السايكوكينيزيا الواضحة (Obvious Psychokinesis):

وتقع هذه المقدرة ضمن مجموعة الفئة الثانية من القوى الباراسايكولوجية وضمن السايكوكينيزيا (PK), وتتعلق بمقدرة الطاقة الباراسايكولوجية المنبعثة من دماغ شخص معين على أحداث تغيير فيزياوي ملحوظ في المادة الجامدة بحيث يمكن الحكم على التغيير الحاصل بالعين المجردة, وان أشخاص قلة في العالم قد سجل لهم أداء في السايكوكينيزيا الواضحة مثل ليّ الملاعق والسكاكين وتكسير الزجاج وتحريك النرد والأشياء الصغيرة أو حتى إيقاف الساعات المتحركة والى عدد غير منتهي من الأعمال الميكانيكية الأخرى.

وان هذا النوع من القدرات الباراسايكولوجية يحتاج إلى تحرير طاقة دماغية هائلة فقط لأداء عمل صغير جدا مقارنة مع الأعمال التي تؤديها العضلات, وذلك بسبب تحول الطاقة الدماغية إلى أنواع أخرى من الطاقة وتستمر في التحول حتى تصبح طاقة ميكانيكية في النهاية لتؤدي وضيفة مشابهة لتلك التي تؤديها عضلاتنا, وان هذا التحول في حالات وشكل الطاقة الدماغية والى أن تصبح طاقة ميكانيكية سوف يصاحبه فقدان في كمية معينة من الطاقة أثناء كل عملية تحول, لأنه توجد هنالك دائما طاقة ضائعة في كل مرحلة من المراحل بسبب كوننا أبدا لن نحصل على عملية تحول مثالية من نوع الطاقة (س) مثلا إلى (ع) حيث أن قسما من الطاقة (س) سوف يبقى على حاله ولن يتحول إلى (ع), كما وان قسما آخر من الطاقة (س) سوف يضيع ويصبح طاقة صافية لا تؤدي أي عمل, ومن هنا أتت الصعوبة في أداء هذا النوع من القدرات لأنه وجب علينا أن نكون ذوي إمكانيات هائلة في تحرير الطاقة الدماغية كما وإننا يجب أن نكون في أحسن الأحوال النفسية والفكرية وان نكون محترفين في أداء العمليات الباراسايكولوجية وان مستوى الثقة بالقدرات في أعلى درجة ويجب أن نستخدم التكتيكات الملائمة لتحرير الطاقة الصافية وتحويلها إلى طاقة دماغية, وكذلك فان عملية تحرير الطاقة الدماغية لأداء عمل ميكانيكي يجب أن تكون مصحوبة بفهم كامل لتفاصيل الحركة الميكانيكية المطلوبة, فمثلا لدحرجة قلم على المنضدة يجب علينا أن

نفهم جيدا كيف تتم الحركة فلن ينفع أن نحرر طاقة ميكانيكية تضغط على القلم بالاتجاه الخاطيء فتضغط على المحور أفقيا بدل أن تكون قوة عمودية على المحور للدحرجة أو أن تضغط على المنضدة بدل القلم. فيجب أن نعرف بالضبط كيف نركز في الفكرة الباراسايكولوجية وقبل تحريرها. وكمثال على عملية التركيز الخاطيء للقوة فأننا نستعرض طريقة النمل في نقل غذائه حيث ان تجمعات النمل التي تقوم بنقل غذاء معين تضغط بصورة عشوائية فكل نملة تدفع من جهتها هي وإذا ما تقابلت نملتان واحدة تدفع من الشرق والأخرى من الغرب فأن طاقة دفعهما سوف تصبح صفر إذا ما كانتا متعادلتين بالقوة. وان عملية نقل الغذاء تتم بالمحصلة فإذا كانت خمس نملات تدفع حبة قمح من الشمال نحو الجنوب وكانت ثلاث نملات تدفع بالعكس فأن المحصلة هي سير حبة القمح بقوة نملتين فقط من الشمال نحو الجنوب وهكذا. فيجب علينا أن نعرف كيفية توزيع القوى قبل أداء العمل الفيزياوي بطاقتنا الباراسايكولوجية سواء أكانت منفردة لشخص واحد أو من تجمعات لأشخاص كثر ويرغبون في توحيد طاقتهم الباراسايكولوجية لأداء عمل مشترك. كما وان الأداء في السايكوكينيزيا الواضحة يستهلك معظم الطاقة الدماغية ولا يبقي طاقة للعضلات أو للتفكير المنطقي ولهذا فان الجسم والعقل سوف يكون منهكاً بعد أداء العمل. أما إذا باءت المحاولة بالفشل فمعنى ذلك بان كمية الطاقة الدماغية لم تكن كافية لأداء المهمة ويتطلب الأمر ايجاد بديل أسهل لتنفيذه والى أن نعرف حجم قدراتنا والتي تتطور مع استمرار التدريب والمحاولة.

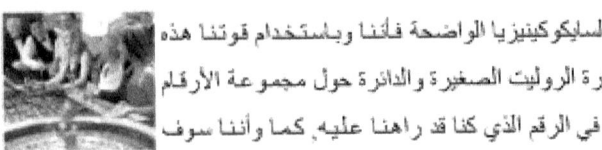

وكمثال على السايكوكينيزيا الواضحة فأننا وباستخدام قوتنا هذه سوف نرغم كرة الروليت الصغيرة والدائرة حول مجموعة الأرقام من الاستقرار في الرقم الذي كنا قد راهنا عليه. كما وأننا سوف نتمكن من التحكم بالأجهزة المختلفة بواسطة قوانا في السايكوكينيزيا الواضحة. وان هذا الأمثلة هي لتبيان أهمية استخدام قوى السايكوكينيزيا الواضحة والإفادة منها في الحياة.

• السايكوكينيزيا الأحيائية (Biological Psychokinesis):

وتقع هذه المقدرة ضمن مجموعة الفئة الثانية من القوى الباراسايكولوجية وضمن السايكوكينيزيا (PK) أيضا, وتتعلق بمقدرة الطاقة الباراسايكولوجية المنبعثة من دماغ شخص معين على أحداث تغيير فيزياوي في احد الأجسام الحية مثل الإنسان أو الحيوان, كشفاء الأمراض ورفع أو وضع الألم في جزء معين من الجسم والتأثير في حركة الدورة الدموية لشخص ما والى غيرها من التأثيرات المختلفة على الأجسام الحية, وان هذا النوع من القدرات يتشابه مع النوع السابق في السايكوكينيزيا الواضحة باستثناء كونه يتعامل مع الأجسام الحية بينما يتعامل النوع السابق مع الجماد.

شكل (3,10) المعالجة بالطاقة

ومن المثبت بان جميع البشر يستخدمون هذا النوع من السايكوكينيزيا في حالات الشعور بالألم من اجل الشفاء, فبمجرد شعورنا بالألم وفي أي منطقة من الجسد فأننا نعمد لا شعوريا إلى وضع أيدينا على المنطقة المتألمة ونضغط وقد يصاحب هذه العملية خمول الحواس الخمس مثل إغلاق العينين لتقليل الطاقة فيهما وتركيزها في محاولة تقليل الألم وعلاج الجزء المصاب, وقد سجل لنا التاريخ العديد من الأشخاص ذوي المقدرة العلاجية الفائقة حيث ان هؤلاء الأشخاص يمتلكون القدرة على شفاء المنطقة المصابة والمتألمة عن طريق وضع أيديهم على المكان وتركيز قواهم في عملية الشفاء والتي قد يصاحبها ترديد الأناشيد الدينية والإيمانية لزيادة إيمانهم وإيمان الشخص المعالج بقوة الشفاء وبالتالي زيادة تحرير الطاقة الدماغية منهما, أما ابرز هؤلاء المعالجين وعلى مر العصور فهو سيدنا المسيح (ع) حيث سجّل له إمكانيته الفائقة في علاج حالات الألم وحتى الأمراض المزمنة مثل الصرع والربو وغيرها من الأمراض التي كانت فتاكة ومستعصية قديما وكانت تؤدي إلى الوفاة. وتقوم ميكانيكية العلاج بالقوى السايكوكينيزية على أساس كون الجزء المصاب من الجسم يعاني حالة خلل وعدم اتزان في الخلايا التي تكونه

وان التركيز في هذه الخلايا وإطلاق القوى الباراسايكولوجية يتم في محاولة إعادة التوازن إليها وبالتالي تشفى من الخلل.

كما وان كثير من الأطباء والجراحين الماهرين يمتلكون مهارات فائقة ولكنها غير منظورة لباقي الكادر الطبي, فهم أحيانا في أثناء خوض بعض العمليات يقومون بشيء أشبه بالمعجزة مثل إعادة النبض للقلب الذي كانت دقاته قد توقفت وبغيرها من الحالات الصعبة والتي إذا ما حاول احد غيرهم علاجها فانه سوف يفشل حتى وان استخدم نفس الوسائل والآلات, أما السبب فيعود إلى معرفة هؤلاء الأطباء من ذوي القدرات الفائقة لمركز الخلل بصورة دقيقة ومن ثم يتجسد هذا الخلل في فكرتهم الباراسايكولوجية والتي تقوم بالأداء فتعيد الحركة للقلب الذي توقف وتوقف النزيف وتعالج الحالات الصعبة, ولو فكرنا قليلا بالشيء الذي يختلف به هؤلاء الأطباء المهرة ذوي القدرات الباراسايكولوجية في الشفاء عن غيرهم من الأشخاص العاديين والذين هم أيضا يمتلكون قدرات باراسايكولوجية, لوجدنا بان الأمر في حالة الأطباء كان يعتمد على الخبرة الطبية والتي يفتقدها الأشخاص العاديين مما يجعل إمكانية الأطباء على معرفة مركز الخلل أفضل وبالتالي تركيز طاقتهم الدماغية على الجزء المصاب لعلاجه (وكما شرحنا ذلك في حالة توزيع القوى الباراسايكولوجية في السايكوكينيزيا الواضحة), فلا ينفع كثيرا أن نطلق طاقتنا الباراسايكولوجية بدون توجيه ومعرفة دقيقة للأداء المطلوب عمله.

ولقد أوضحنا سابقا بأن الإنسان الذي يحرر الطاقة الباراسايكولوجية لأداء مهمة معينة فأنه باستطاعة هذه الطاقة البقاء إلى فترة زمنية غير منتهية, وإذا ما كانت الطاقة التي حررها الإنسان لأداء عمل في السايكوكينيزيا مثلا فأن هذه القوى سوف تقوم بالتأثير على كل شخص يدخل ضمن نطاق عملها, كما في حالة لعنة الفراعنة والتي هي قوى سلبية أطلقت ضد كل شخص يعبث بالقبور الملكية أو يحاول سرقتها بحيث أن توثيق اللعنات في داخل الأهرامات جاء لترسيخ قوتها في كل العصور,

وأيضا توجد هنالك أماكن متفرقة من العالم وتكون ذات تأثيرات سلبية على الإنسان الذي يزورها, بحيث تدفعه إلى فقدان السيطرة على نفسه وحتى الجنون في حالات كونها قوية, ولقد كان الاعتقاد السائد هو خضوع هذه المناطق إلى نفوذ روح شريرة تسعى لتملك أي شخص يقترب منها, ولكن الصحيح هو وجود طاقة باراسايكولوجية سلبية ذات أداء في السايكوكينيزيا الاحيائية والتي تؤثر مباشرة على الأشخاص المرهفي الحس والذين ليس لهم المقدرة على مقاومة الطاقة السلبية بسبب طبيعتهم المسالمة والضعيفة, وكذلك بسبب إيمانهم الشديد بخوفهم منذ بداية الشعور بالقوى السلبية التي تدخل إليهم مما يجسد فيهم تأثير هذه القوى السلبية بصورة كبيرة, ولكن زيادة عدد البشر الذين يعرفون بأمر هذه القوى والذين يسعون إلى مقاومة تأثيرها بعقولهم سوف تؤدي في الأخير إلى إضعاف القوى السلبية ولكن من دون تلاشي لها.

الفصل الرابع: التمارين الباراسايكولوجية

يحتوي هذا الفصل على مجموعة من التمارين والتوجيهات التي تساعد في تنمية وتقوية المهارات الباراسايكولوجية للمتدرب, وان الكثير من هذه التمارين هي للمرحلة الابتدائية من التدريب حيث يجب أن تزداد صعوبة التمارين مع ازدياد المقدرة والقوة في أطلاق الطاقة الدماغية ذات الأداء الباراسايكولوجي. وعلى المتدرب ابتكار تمارين جديدة مع كل تطور وتقدم في أداءه أو أن يزيد من صعوبة التمارين المذكورة, وان التدريب على شكل مجموعات يكون أفضل من التدريب الفردي في نواحي عديدة أهمها جعل التمارين مسلية وممتعة غير مملة وكذلك تقييم كل المجموعة لأداء كل فرد فيها, بحيث يكون الجميع متأكدا من نتيجة تدريبه وتطور إمكانياته أو تراجعها.

شكل (4.1) التمارين السويدية

وقبل أن نسترسل في ذكر التمارين الباراسايكولوجية, يجب أن ننوه بالحاجة الماسة إلى الرياضة والتقوية البدنية فالعقل السليم في الجسم السليم وان الإنسان بدون ممارسة الرياضة سوف يكون خاملا وكذلك عقله وتفكيره ولهذا وجبت ممارسة الرياضة مثل التمارين السويدية أو اليوغا وبعض الجري لزيادة النشاط.

ان التمارين الباراسايكولوجية التي نؤديها تكون بطبيعتها نوعين الأولى هي تمارين زيادة أطلاق الطاقة الدماغية ونؤديها في معظم الأوقات مع أنفسنا وفي أثناء ممارسة الأداء الباراسايكولوجي, والثانية تكون تمارين في تحسين الأداء وتقوية المهارة وهي وقتية أي نؤديها في وقت معين منفردين أو مع مجموعة من المتدربين, وفيما يلي نأتي على ذكر كل من النوعين.

1. تمارين زيادة أطلاق الطاقة الدماغية:

وهي التمارين التي نقوم بها منفردين مع أنفسنا في معظم الأوقات, بحيث لا تخضع هذه التمارين إلى قاعدة عامة وإنما تتبع ابتكاراتنا ومخيلتنا التي سوف تصور لنا ماهية التمرين وكيفية أدائه, أما الغرض من هذه التمارين النفسية فهو زيادة أطلاق الطاقة الدماغية عن طريق زيادة الثقة بالنفس في إنجاح الأداء وعن طريق تحويل الطاقة الصافية إلى طاقة دماغية تستخدم في الأداء الحالي أو المستقبلي (كما تم شرح ذلك في الفصل الثاني).

وان معظم هذه التمارين تشترك بصفة كونها تربط نتيجة أي عمل فيزياوي نؤديه (وهو تمرين نتخيله) مع أداء لقدرة باراسايكولوجية نريد أن نقوم بها الآن أو في المستقبل, وهنالك بعض التوصيات في استخدام هذه التمارين وتتلخص بالنقاط التالية

1.1 في أثناء أداء تمارين من هذا النوع والتي تكون لغرض زيادة أطلاق الطاقة الدماغية, فإنه يتوجب علينا معرفة أين ومتى يجب أن نوقف هذا التمرين لكي لا يستهلك الطاقة الدماغية التي حررناها وبالتالي يؤدي نتيجة عكسية, أي ان الاستمرار بأداء التمرين في كل الأوقات وبدون معرفة صحيحة للوقت الذي يجب أن نتوقف فيه سوف يستهلك الطاقة الدماغية الفاعلة والتي نحررها لأداء عمل باراسايكولوجي, وعادة فأن ممارسة هذه التمارين لمدة طويلة سوف تكسبنا الخبرة والدراية في الوقت الذي يجب أن نتوقف فيه والذي هو يتحدد بكون الطاقة الدماغية التي حررناها كافية للعمل الباراسايكولوجي المزمع.

1.2 يجب عدم ربط تحرير الطاقة الدماغية الناتجة من أداء الأعمال الفيزياوية المتخيلة (التمارين) مع أداء صعب ومتقدم جدا (مثل السايكوكينيزيا) لان هذه العملية وفي المراحل الابتدائية سوف تفشل بصورة مؤكدة وبالتالي فأنها سوف تقلل من الثقة بالنفس وبالقدرات, وإنما يجب أن نتدرج باختيار أداء الأعمال الباراسايكولوجية ومعرفة حدودنا وإمكانياتنا والتي يكون النجاح هو المقياس فيها.

1.3 تحبيذ تكرار نفس التمرين أو العمل الفيزياوي المتخيل مع الأداء الباراسايكولوجي, كأن نقوم بسقي زهرة معينة في صباح كل يوم من أيام العمل وهذا كفيل بأن يجعل ذلك اليوم خالي من المشاكل مع المدير.

1.4 القيام ببعض الأعمال الفيزياوية البسيطة فقط لتحرير الطاقة الدماغية منها, ومن دون ربط نتائج هذه العملية مع الأداء الباراسايكولوجي, كأن نقوم دائما بتدوير الساعة حول المعصم ونحاول التركيز مع هذه العملية.

1.5 عدم الحديث عن نوع الأعمال الفيزياوية التي تم أداؤها لأي شخص كي لا تتعرض لأي عملية انتقاد تؤثر على الثقة بالنفس وبجدوى التمرين الذي نؤديه.

1.6 محاولة استيحاء وتخيل التمارين التي يجب أن نؤديها من تصوراتنا بربط نتائجها مع الهدف المنشود في العملية الباراسايكولوجية, حيث تكون هذه العملية أفضل في أثناء تنويم وحدة المنطق وان نكون في حالة نفسية هادئة وغير مضطربة, وان الفكرة الخاصة بالأداء هي المسيطرة على التفكير.

1.7 يجب أداء التمارين التي قد ابتكرناها بكل جدية وثقة وان لا ندع الكسل يؤثر على الأداء بحجة عدم جدوى التمرين.

2 تمارين تقوية المهارات الباراسايكولوجية:

وهي التمارين التي نؤديها لغرض تقوية مهاراتنا في الأداء الباراسايكولوجي, وتشتمل على تمارين تقليل التنبيه من الحواس وتمارين التركيز الداخلي وتمارين السيطرة والتصفية النفسية وتمارين زيادة الثقة بالقدرات وتمارين الإدراك الحسي الفائق وتمارين السايكوكينيزيا وتمارين عامة ذات فائدة مشتركة, وإننا عادة نحقق أكثر من هدف في كل تمرين لتعلقها بعضها ببعض كما ويفترض بكل متدرب البحث عن تمارين إضافية يشعر بكونها ذات فائدة له وان يطور بها مع تنامي قابلياته وقدراته.

2.1 تمارين تقليل التنبيه من الحواس: وتشتمل على مجموعة التمارين التي تضعف وتشوش على الإشارات القادمة من الحواس ومن أجزاء الجسم, حيث ان هذه الإشارات والتي هي استجابة جسمنا لأحتياجاته وللمحيط الذي نعيش فيه, لها القدر الأكبر في تشتيت التركيز للأداء الباراسايكولوجي, فنحن لا نستطيع أن نركز او نفعل أي شيء إذا ما كنا على قدر من النعاس أو الجوع أو الشعور بتغير درجة حرارة الجو بشكل كبير وكذلك إذا ما كانت هنالك نداءات صوتية أو تنبيهات حسية وجسدية, وفيما يلي مجموعة من التمارين المساعدة على تقليل إشارات التنبيه

- ممارسة بعض الطقوس والرياضات الروحية مثل اليوغا والتصوف والتي يكون التحدي الأساسي فيها هو قهر الذات بكل شهواتها وضعفها, وان هذه الرياضات تعتمد على الاستمرار بإهمال الإشارات القادمة من الأجهزة الحسية ومن الجسم والاستمرار بأخذ وضعية التركيز حتى تفقد هذه الإشارات تأثيرها وأهميتها فلا يعود الجوع يؤثر بعد مرور وقت كافي ولا النعاس يغلب, وان جل الاهتمام ينصب على التركيز والذي هو المحور في شغل التفكير حتى ان وحدة المنطق سوف تفقد تأثيرها فتغرق في المخيلة, وان الوصول إلى هذه المرحلة يكون هو الهدف المنشود ويجب أن نقوم بهذه التمارين من دون محاولة إدخال أي أداء باراسايكولوجي على التمرين كي نستمر في التركيز المطلق, وبالتالي زيادة القوة الذهنية والتركيز.

شكل (4,2) تمارين اليوغا

- نحاول أن نبقى لفترة تحت الدوش مع مراعاة تغيير درجة حرارة الماء حتى تصبح ملائمة ومريحة للجسم وبعد مرور (20- 30) دقيقة فأن جميع أجزاء الجسم سوف تكون بحالة استرخاء وكذلك فأن حواس الجسد سوف تخدر ولا يعود يصدر منها أي

تنبيه. وعند الوصول إلى هذه الحالة فأنه يجب أن نبدأ بمحاولة تصفية الذهن وحتى الوصول إلى مرحلة التركيز المطلق. كما ويمكن أداء نفس التمرين ونحن مستلقين في الجاكوزي أو الساونا والتي يجب أن لا تكون حارة جدا حتى نستطيع البقاء لفترة أطول ثم نصل إلى مرحلة الاسترخاء التام وتخدير الحواس. وان النشوة الفكرية التي سوف نختبرها والمصاحبة لتخدير الحواس هي ذات أهمية في جعلنا نتمتع بأداء التركيز الذهني لاحقا حتى يصبح عملية تلقائية ومن دون تقييد أو تعليمات.

شكل (4,3) الاسترخاء في الساونا

- ممارسة المشي السريع لمدة لا تقل عن ساعة واحدة وتزيد عنها بمقدار لياقة المتدرب البدنية وتكرر العملية على الأقل ثلاث مرات أسبوعيا. حيث تبدأ أشارات الجسد الحسية بالضعف مقابل الاستمرار بالمشي لمدة طويلة بسبب التقنين في طاقة الجسم لصالح العضلات. مما يعوّد العقل لاحقا على السيطرة على الإشارات القادمة من الجسد تحت أي ظرف. كما ولا يخفى على أي احد أهمية رياضة المشي السريع لجسم الإنسان كونها تسمى كذلك برياضة القلب وتستهلك الكولسترول وتفتح الشرايين وتزيد نشاط وقوة الجسم والعقل بصورة عامة.

• كما وتوجد طريقة أخرى لتخدير الحواس وإشارات التنبيه وحتى وحدة المنطق وهي تناول بعض العقاقير والمشروبات المخدرة والمسكرة, ولكن بسبب تنوعها وتنوع مضارها فأن هذه الطريقة تحتاج إلى معرفة واستشارة طبية وحتى بوجود هذه المساعدة الطبية إلا أنها سوف تؤثر علينا ببعض الآثار الجانبية المصاحبة لشرب الكحول والعقاقير المخدرة ولهذا فلا ننصح بها.

شكل (4,4) ممارسة العدو والمشي السريع

2.2 تمارين التركيز الداخلي: وهي التمارين التي تساعدنا في تركيز أفكارنا وتقوية طاقتنا الذهنية بحيث لا يصاحب هذه العملية أي تشتيت للأفكار أو أي مقاطعة حتى من الإشارات الحسية بسبب قوة التركيز والانغماس فيها, وان هذه التمارين هي مكملة ومساعدة لتمارين تقليل التنبيه من الحواس وتمارس بعدها. وفيما يلي مجموعة من التمارين التي تساعد في تقوية التركيز بصورة عامة

• نرسم دائرة سوداء بحجم العملة داخل ورقة بيضاء ومن ثم نعلق هذه الورقة على بعد (2-3) متر بحيث تكون بمستوى النظر, ونحاول التركيز على النقطة السوداء وبدون أن نرمش حتى تبدأ العين تدمع ومع ذلك نحاول إبقائها مفتوحة لأطول فترة ممكنة, وعند تكرار هذه التجربة لفترة من الزمن (مرة واحد يوميا كي لا تؤذي العين) فأننا سوف نزيد من القدرة في التركيز على النقطة السوداء لفترة أطول مع ملاحظة تسجيل الفترة الزمنية في كل مرة, وبعد فترة من ممارسة هذا التمرين فأننا سوف

شكل (4,5) دائرة التركيز

نبدأ بملاحظة زيادة حدة وتأثير نظراتنا على كل من الإنسان والحيوان.

- نحاول الذهاب إلى مكان ذو طبيعة جميلة ومن ثم نبدأ في الإصغاء إلى الأصوات في الطبيعة مثل خرير الماء وزقزقة العصافير وحركة الأشجار ونحاول أن نركز في مختلف المناظر والبحث في جماليتها, وان معنى هذا التمرين هو تعلم الاستمتاع بالطبيعة لزيادة القابلية على التخيل والتصور وتصفية الذهن من كل الأفكار طوال فترة الإصغاء إلى الطبيعة, ان الأشخاص الذين يعيشون في أماكن طبيعية وبعيدة عن المدنية لفترة طويلة تكون لهم قابليات جسدية وحسية أقوى منها عند أهل المدن وكذلك فان سيطرة عقلهم على إشاراتهم الحسية تكون اكبر.
- نضع القرص الموسيقي المفضل لدينا في مشغل الأقراص وندير التلفزيون على قناة الأخبار ونحاول قراءة جريدة أو كتاب في نفس الوقت, وطبعا في البداية سوف نواجه صعوبة في التركيز على كل هذه الأشياء وان تركيزنا سوف ينتقل من واحدة إلى أخرى ولكن مع التمرين والمحاولة المستمرة سوف نستطيع بالتأكيد القيام بكل هذه الأشياء مرة واحدة وقد نفوقها حتى لنستطيع التواصل مع شخص أخر يحادثنا ونحن نستمع للكل ونتفاعل معهم مرة واحدة, وان هذا التمرين سوف يساعدنا في المحافظة على تركيزنا مهما تنوعت مصادر التنبيه والضوضاء من حولنا.

2.3 تمارين السيطرة والتصفية النفسية: وتستخدم هذه التمارين لغرض تقليل الشد النفسي والعصبي الذي نعانيه في الحياة بسبب الظروف التي لا تخدم مصالحنا, وبسبب الذكريات الأليمة التي تخلفها فينا هذه الظروف, حيث تصبح هذه التمارين ضرورية لإحكام سيطرة العقل على المخيلة وتخليصها من التخيلات والذكريات الماضية والمفروضة على تفكيرنا, في سبيل الوصول مستقبلا إلى حالة التوازن النفسي والصفاء الداخلي, وفيما يلي بعض من هذه التمارين

- نبدأ بالجلوس بوضعية مريحة مع مسند للرأس ومن دون تكليف للعضلات بالكثير من الجهد في رفع الأكتاف, ومن ثم نغلق الأعين ونتخيل وجودنا في أعلى سلم مرتفع جدا ومكون فقط من عشر درجات يؤدي أسفله إلى مكان شبيه بجنة عدن أو أي مكان أسطوري آخر من حيث الجمال والخيالية, وإننا سوف نحاول النزول بالسلم لكي يتوضح لنا المكان المقصود أكثر فنبدأ بالدرجة الأولى إلى أسفل وعندها نقول لأنفسنا بأننا على وشك المغادرة من الواقع الذي نعيش فيه إلى مكان آخر أكثر أمنا وسلاما واسعد أياما وأحلاما, وننزل الدرجة الثانية فنقول لأنفسنا أيضا بأننا سوف ننسى قريبا الواقع والذكريات وكل ما يعكر مزاجنا وتفكيرنا, وننزل درجة ثالثة ونحاول أن ننظر لأسفل فنبدأ برؤية ضباب كثيف ونبدأ بالانغماس والدخول أكثر إلى هذا المكان الجميل والغريب والذي قد بدأ يشدنا إليه,

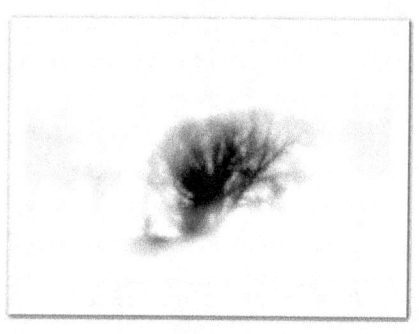

شكل (4,6) العالم الحالم

فننزل درجة رابعة وعندها نحس بحمل الذكريات والأفكار الماضية وقد بدأ يتلاشى مقابل الاهتمام الذي أسرنا برؤية العالم الجميل الذي ننزل إليه وبدأ لون أخضر تحت الضباب والذي لازال كثيفا وحاجبا لرؤية ما تحته, وننزل درجة خامسة فتتضح لنا بعض قمم الأشجار العالية ومن بعيد نشاهد زرقة مجاورة لتجمعات الأشجار وربما تكون زرقة البحر فتأتينا أمنية بأن نرى البحر بين اخضرار الأشجار ونبدأ بتناسي كل ما يعكر صفو هذه اللحظات قرب الطبيعة والتي قد بدأنا نتخيلها وننزل درجة سادسة وعندها يبدو الضباب اقل كثافة وتنعكس الشمس على الضباب فيسطع بلون ذهبي ونشعر بلذة

هذا الضوء على أعيننا والتي قد أغمضناها قليلا بسبب السطوع ونقول لأنفسنا بأننا قد أصبحنا بعيدين عن العالم السابق وهمومه ومتاعبه, وننزل درجة سابعة وتبدأ ملامح البحر الأزرق تلوح في الأفق الأحمر البعيد وبنظرة خاطفة إلى الخلف في أعلى الدرج لا نشاهد سوى الظلام وذكريات عالقة من عالم قاسينا فيه الكثير فنعود بسرعة وبشوق لننزل درجة ثامنة وتبدأ رائحة الياسمين والقرنفل الذكية تتبين في الجو وتبدو الأشجار باسقة وعالية ورغبتنا بمعرفة هذا العالم تزداد وتأخذ كامل اهتمامنا ونحاول أن لا نشوش على هذه اللحظات بأي ذكريات أو أي أفكار سوى التمتع بهذا الجمال ونسرع بالنزول درجة تاسعة لتتوضح الصورة لنا أكثر وتزداد الرائحة الشذية في الجو ولم يعد من شيء في ذاكرتنا وأفكارنا سوى هذه اللحظات السعيدة والتي هي أفضل ما قد اختبرناه من تذوق للجمال والدهشة ونقول لأنفسنا بأننا إذا ما خطونا الدرجة القادمة فربما نكون قد وصلنا إلى العالم الحالم السعيد والذي لم يصله ويتمتع به سوانا فنقرر أن نخطو الأخيرة ولأول مرة تطأ قدمنا على العشب الأخضر والمنسق كأنه سجادة خضراء ذات رونق وجمال ونرفع بصرنا عن الأرض لنجد الورود من كل الألوان قد صفت حول هذه الحديقة التي لم يكن أجمل منها, ونقترب من الأزهار الحمراء لتنعشنا برائحتها ومن ثم الصفراء والوردية وكل الألوان التي نحبها والتي تخطر لنا على بال وننظر يمينا ويسارا فنرى الأشجار العالية والشمس تخترقها لتصل إلينا بضفائرها الذهبية الأنيقة كأنها ضفائر عذراء طويلة, بينما نسمع تحت أقدامنا خرير الماء الذي يجري بخطوط مستقيمة ويرمي إلينا ببعض الرذاذ والقطرات الصغيرة التي تداعبنا, ثم نسير قليلا بهذه الجنينه الغناء ونستمع إلى أعذب الألحان التي تهديها إلينا البلابل وطيور الجنة والتي تقاطعها الببغاء وباقي الطيور أحيانا, ونسير قليلا فنشاهد طفلة صغيرة ذات ابتسامة عريضة تقف بين الورود وتضع بعض منها في شعرها الطويل ونركز في وجهها الملائكي فهي تشبه احد الأطفال المألوفين لنا من احد الأقارب أو الأصدقاء ومن كلامها

وعباراتها البليغة ترشدنا إلى اتجاه البحر وتقول لنا أن نذهب لنغسل روحنا ونطهر أنفسنا وتفكيرنا هناك, وبعد قليل وصلنا إلى ساحل البحر الملتصق بهذه الحديقة وانعكاس سطح البحر الداكن الزرقة على السماء كأنما دخلت الغيوم في البحر تسير فيه كقوارب صغيرة متحركة بعشوائية وباتجاه الريح الخفيفة والمنعشة التي تلفح بوجهنا ونستنشق رائحتها, ثم أخذنا نركز على نقطة في وسط البحر يخرج منها إناء وصوت يقول لنا أن نضع كل ذكرياتنا السيئة والأليمة في هذا الإناء, ونبدأ بتذكر حياتنا في المكان المظلم في الأعلى ومعاناتنا هناك وآلامنا وصور الأشخاص الذين قد آذونا مع كلماتهم وتصرفاتهم السيئة تجاهنا, ونرميها كلها بقوة داخل الإناء الموضوع في وسط البحر والذي قد ابتلعها وبدأ يغطس شيئا فشيئا إلى قعر البحر, وفجأة أتت من البحر سفينة ذهبية تحمل كل الأشخاص الذين نحبهم ويحبوننا وضحكاتهم تعلو وتنادينا وتذكرنا بالأوقات السعيدة معهم وفي كل فترات الطفولة والشباب والذكريات السعيدة, ونبقى نتلاطف معهم لفترة حتى نشعر بأنه قد آن أوان العودة ونعدهم بالمجيء لاحقا وكلما سنحت لنا الفرصة, ونغادرهم مودعين ونعود في الطريق المشمس بين الأشجار والأزهار المتمايلة ورائحة النسيم وعطر الورود تملأ أنفاسنا وفي طريقنا مررنا قرب الطفلة الجميلة التي قد أرشدتنا إلى البحر وشكرناها وأعطيناها هدية أحبتها وودعناها ووصلنا قرب السلم الذي كنا قد نزلنا منه وبدأنا نصعد الدرجة التاسعة ونحن نعلم بأننا سوف نعود إلى ديارنا والى حياتنا التي كنا قد تركناها خلفنا ولكن شيء واحد لن يعود إلينا أبدا وهو المعاناة والمشاعر والذكريات السيئة والحزينة والتي كنا قد أغرقناها كلها في البحر ولا مجال لأن تعود إلينا ثم صعدنا إلى الدرجة الثامنة ونظرنا مودعين إلى البحر والزهور وكنا لانزال نشاهد بعض الطيور التي تغرد قربنا وتودعنا, ثم صعدنا إلى الدرجة السابعة وقد بدأت زرقة البحر تخف تحت الضباب الذي قد بدأ يغلف المكان ونحن نعلم بأننا سوف نعود إلى هذا المكان الجميل كلما اقتضت الحاجة ولكي ننقي نفسنا ومشاعرنا من عوالق

الزمان والتي هي الذكريات والتجارب الأليمة التي تعيق تطورنا وشعورنا بالسعادة في الحياة, ونصعد الدرجة السادسة والضباب قد بدأ يصبح أكثر كثافة الآن ولكن خضرة الأشجار العالية لاتزال تشاهد, ثم صعدنا الدرجة الخامسة وبدأ الإحساس بالواقع والحياة التي تركناها يعود قليلاً إلينا مع ذكريات الحديقة السعيدة وبإيماننا بأننا قد نظفنا أنفسنا ومشاعرنا من كل ذكرى أليمة وكل إحباط وضعف, فنصعد الدرجة الرابعة بثقة بالنفس وبكوننا قادرين على حل كل مشاكلنا بدون أن نضعف أو أن نهتز, ونصعد الدرجة الثالثة وقد أصبحت الحديقة الجميلة والبحر ذكرى الآن فلم يعد هنالك حولنا سوى الضباب الكثيف والذي يعكس بعض من أشعة الشمس, ثم نصعد الدرجة الثانية ونقول لأنفسنا لقد آن أوان العودة لحل مشاكلنا العالقة ونحن كلنا ثقة من قدرتنا على تجاوز هذه المشاكل كما تجاوزنا غيرها من قبل ولن تهزنا أو تهزمنا, فنصعد الدرجة الأولى ونحن نقول بأننا ما أن نخطو هذه الخطوة الأخيرة حتى نفتح أعيننا ونعود إلى الواقع الذي ينتظرنا ولكن سوف نعود مع ثقة اكبر بالنفس وبقدراتنا على تجاوز أي مشكلة وأننا قد نسينا كل ذكرى مؤلمة لنا فالحياة يجب أن تستمر, ونخطو الأخيرة ونفتح أعيننا ببطء.

لقد كان هذا كمثال على الطريقة التي ننزل بها إلى داخل أعماقنا لنهزم بها ذكرياتنا وتجاربنا المزعجة والأليمة والتي تشغل تفكيرنا في معظم الأوقات, وان كل شخص يمتلك مخيلة يستطيع أن يطور ويغير من المناظر والوصف وحسب الأشياء التي يحبها أو يحب أن يتذكرها ولكن المهم هو الدخول إلى عمق الذات, وعدم السماح لأي تنبيه بأن يجري لنا ونحن نقوم بهذا التمرين والذي يمكن أن نقوم به مع مجموعة وهي تستمع للشخص الذي يروي لنا القصة, أو أن نقوم نحن بسرد القصة لأنفسنا مع التخيل الكامل للوصف وان نعيش فيه.

- التمرين الثاني يكون بالاستعانة بإطلاق الطاقة الصافية وتسخيرها لكي تقلل من تأثيرات الذكريات والتجارب التي تؤلمنا والتي حقا نريد أن ننساها ونتخلص منها, فنأخذ احد الأقداح الزجاجية ونجلس في مكان منعزل ومن ثم نبدأ بتصور المشكلة أو الذكرى السيئة ونحاول تشبيهها بالقدح الزجاجي الذي نحمله ونزيد من التشبيه بينهما حتى نصل إلى مرحلة نؤمن فيها بكون المشكلة قد أصبحت هي القدح الذي نحمله وفي داخله, فنصوب القدح وبكل قوتنا إلى الجدار ونكسره لتتكسر معه مشاكلنا ولننساها إلى الأبد, ويجب أن لا نقلق من عملية التنظيف التي سوف نجريها لاحقا ونتذكر بأن الأمر يستدعي بعض التضحيات فلا يوجد شيء نأخذه مجانا في الدنيا سوى الآلام.
- في هذا التمرين فإننا نشغل عقلنا بفكرة باراسايكولوجية معينة, ولكننا لا نحاول تنفيذها وإنما إبقائها مسيطرة على تفكيرنا لوحدها ومن دون أن نسمح لأي فكرة أخرى بأن تدخل إلى عقلنا, ويتم هذا التمرين ونحن جالسون أمام ساعة لنعرف كم من الوقت نستطيع أن نشغل بالنا بالفكرة الباراسايكولوجية من دون مقاطعة كاملة أو تشويش من باقي الأفكار الدخيلة, وإذا ما كانت هنالك فكرة خارجية تحاول الدخول إلى العقل فإننا يجب أن لا نحاول طردها بشدة وإنما نحاول أن نقلل منها ومن أهميتها وقيمتها لدينا وبذلك ندعها تدخل وتخرج من دون أن تؤثر على الفكرة الرئيسية أو تحرف مسارها, حتى نتمكن مستقبلا من جعل دماغنا يفكر بالفكرة الباراسايكولوجية فقط.

2.4 تمارين زيادة الثقة بالقدرات: وهي مجموعة التمارين والإجراءات التي تقوي من ثقتنا بقدراتنا الباراسايكولوجية, حيث ان هذه الثقة هي محور النجاح في الأداء وان اكتسابها يتم بواسطة النجاح في الاختبارات والتي يجب أن تتدرج من السهل إلى الصعب فالأصعب, والمرحلة الأولى في اختيار مستوى التجارب تبنى على مدى

الموهبة التي يمتلكها كل منا وان لا يبالغ أو يستهين بإمكانياته, وفيما يلي مجموعة من التوجيهات والتمارين التي تساعد في تثبيت الثقة بالقدرات الباراسايكولوجية

- تسجيل نتائج جميع التجارب والأحلام وكل ما يخص قدراتنا الباراسايكولوجية في دفتر خاص وتتم مراجعته دوريا, كي نكون أكثر دراية بمستوى قدراتنا ومتى كانت صائبة وفي أي ظروف ومن ثم نحاول توفير نفس الظروف التي نجحت في اختباراتنا القادمة.
- النظر في المرآة لعدة مرات يوميا والترديد مع النفس بقدرتنا على تحقيق أهدافنا في الحياة باستخدام مواهبنا كافة ومنها الموهبة الباراسايكولوجية.
- الحديث عن النجاحات التي نحرزها لأشخاص مقربين لنا على أن لا يكونون من السلبيين تجاه مقدرة وقوة العقل البشري, وان نتذكر دائما بأن الإنسان يستخدم (3-7)% فقط من إمكانيات عقله في حياته الاعتيادية, أما نحن فنطمح للمزيد.

2.5 تمارين الإدراك الحسي الفائق: وتشمل تمارين التخاطر وتمارين الاستبصار وتمارين الرؤيا عن بعد وتمارين الاستماع الخارق, وتؤدى أما بمفردنا أو مع المجموعة

2.5.1 تمارين التخاطر: ويفضل أداء هذه التمارين مع المجموعة أو على الأقل مع شخص آخر, وكما يلي

- في البداية نأخذ ورق ابيض من نفس النوع ونرسم في إحدى جهات الورقة الأولى دائرة حمراء كبيرة وفي الورقة الثانية دائرة سوداء ونكرر العملية حتى يصبح لدينا على الأقل خمسة أوراق حمراء وخمسة سوداء, ومن ثم تقلب وتعطى إلى الشخص الذي يشاركنا التمرين ويطلب منه ترتيبها عشوائيا ثم فتح الورقة الأولى من دون أن يسمح لنا برؤيتها, ونطلب منه أن يفكر في خصائص اللون الذي ظهر وفي

الأشياء التي تلوّن به ونحن بدورنا نحاول أن نعرف اللون الذي قد فكر فيه, ويجب اخذ الوقت الكافي لاستلام وفهم الإشارات القادمة من هالة الشخص الأخر كي يكون قرارنا مبني على أساس المعلومات المستلمة وليس على أساس حزر اللون, حيث أن الاحتمالية في حزر اللون سوف تكون 50% في هذه الحالة وعند إحراز نجاح في هذه اللعبة لعدة مرات نحاول إضافة لون آخر إلى العملية كي تقل الاحتمالية بحزر اللون إلى 33.3%, وهكذا نستمر بإضافة الألوان كلما أحرزنا نجاحا يتكرر لعدة مرات بكل الأوراق وبنسبة عالية في سبيل تقليل احتمالية الحزر اكثر, ويمكننا أن نغير الألوان فيما بعد إلى ورق اللعب الاعتيادي ذي الأرقام والصور, وفي المراحل المتقدمة من هذا التمرين نستبدل الألوان بصور مختلفة ونحاول وصف تفاصيل هذه الصور إلى الشخص الأخر الذي يراها ويحجبها عنا.

شكل (4,7) ورق اللعب

- حاول التفكير بالشخص الذي يفكر بك الآن أو الذي قد يرغب في التحدث إليك عن موضوع ما, وبادر إلى الاتصال به قبل أن يقوم هو بذلك لتعرف حقيقة كونه يفكر في الاتصال بك أم لا, ومن دون أن تخبره بالسبب وراء اتصالك.
- في هذا التمرين نطلب من الشخص الذي يشاركنا أن يقوم بالتفكير في قطعة من الأثاث أو التحفيات ونحن خارج الغرفة, ومن ثم ندخل إلى الغرفة بعد خمسة دقائق (لكي يتسنى له التفكير في القطعة لمدة كافية) ونحاول أن نتخاطر معه لمعرفة الشيء الذي كان يفكر فيه. ويمكن وصف التمرين بصيغة ثانية بأن نجعله يغادر الغرفة أثناء دخولنا نحن ومن ثم نحاول أن نعرف الشيء الذي كان يفكر فيه من التخاطر مع بقايا هالته في المكان.

- في هذا التمرين فأننا نحاول أن نستعرض تأثيرات قوانا في التخاطر على الحيوانات والطيور. فنأتي بطير في قفص أو احد الحيوانات الأليفة والذكية مثل الحصان أو الكلب ونبدأ بعد التركيز عليها بمحاولة جعلها تحرك نفسها في اتجاه معين مثلا او أن تأتي لنا بصوت, ويلاحظ استجابة الحيوانات أكثر من الطيور بسبب تطور نظامها العصبي, كما ويلاحظ استجابة الاثنين معا أكثر للأشخاص الذين قد تعودت عليهم

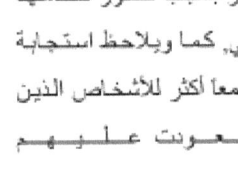

شكل (4,8) الحصان ذو استعداد عالي للتخاطر مع الإنسان

2.5.2 تمارين الاستبصار: وهي مجموعة التمارين التي نحاول بها أن نسجل بعض تنبوأتنا حول مستقبل الأحداث المهمة بالنسبة لنا, وفيما يلي بعض من هذه التمارين

- نجلس في مكان جميل ومريح ونتأمل فيه لبعض الوقت ثم نبدأ التفكير محاولين معرفة الحدث المستقبلي بالنسبة إلى شيء معين كأن يكون حدث سياسي أو تجاري أو حتى عاطفي, ونغمض أعيننا مع التركيز في هذه الفكرة لمدة معينة نشعر خلالها بسيطرة هذه الفكرة بصورة كاملة على التفكيرونتناول قلم تسهل به الكتابة ونضعه في اليد التي نستخدمها اقل من الأخرى (فإذا كنت أيمن فتستخدم اليد اليسرى وبالعكس) ونقوم بوضع القلم بصورة عمودية على الورقة مع استمرارنا بالتفكير بنفس الفكرة الباراسايكولوجية, وبعد ذلك نلاحظ أن القلم قد بدأ يتحرك على الورقة ويجب أن تعطى له بعض الحرية في الحركة بترخية عضلات اليد, وان لا نعطيه حرية أكثر من اللازم فيخرج عن نطاق الورقة بسرعة, ان الاستمرار بهذا التمرين لعدة مرات سوف

شكل (4,9) الكتابة الاوتوماتيكية

يؤهلنا إلى معرفة وفصل الإشارات الباراسايكولوجية التي تحرك القلم من تلك الناتجة عن تقلص وانبساط العضلات المفاجئ والتي أيضا تؤثر على عملية تحريك القلم, وبعد ذلك عند انتهاء التمرين نقوم بمحاولة ربط الأشياء التي كتبناها أو رسمناها على الورقة أو على مجموعة الأوراق مع الأحداث المستقبلية التي قد تساءلنا عنها في الفكرة الباراسايكولوجية.

- يقوم هذا التمرين بتنشيط استلام الإشارات الباراسايكولوجية المتعلقة بعملية الاستبصار أو التنبؤ المستقبلي عن طريق الأحلام, فنقوم بالتفكير بالحدث المستقبلي الذي نريد أن نستعلم عنه ونبقي هذه الفكرة مسيطرة علينا لأطول فترة ممكنة وخاصة الساعة الأخيرة قبل النوم في الليل, ويجب تكرار هذه العملية لعدة أيام قبل أن تؤدي إلى حلم ذو علاقة بالأحداث المستقبلية والتي قد تساءلنا عنها, وقد تتأخر أكثر خاصة عند الأشخاص الذين هم اقل أمكانية على استقبال الإشارات الباراسايكولوجية في الأحلام أو الذين لا يثقون بأحلامهم, كما وتتأثر عملية الحلم بحالتنا في أثناء النوم إذا ما كنا نشعر بالبرد أو الحر أو إذا ما كنا في حالة احتصار ونود قضاء حاجة, وطبعاً الحالة النفسية التي نشعر بها قبل النوم والتي تدفعنا إلى التفكير بأشياء أخرى غير الفكرة المستقبلية.

الشكل (4,10) استقبال الأحلام

- في هذا التمرين نحاول أن نفكر في بداية اليوم وقبل الخروج من المنزل بالأشخاص الذين سوف نلتقي بهم لاحقاً ونحاول أن نعتمد التسجيل والتوثيق ومن ثم نقارن في نهاية اليوم بالأشخاص الذين قد تنبأنا بهم والى أي درجة كنا دقيقين, وطبعا فأن قسم من هذا التنبؤ سوف يكون مجرد تخمين أو مجرد توقع لأننا مثلا إذا أردنا غدا أن نذهب إلى حلاق نعرفه ولدينا موعد معه فأننا سوف نتوقع ذلك أكثر من غيره أما إذا كنا على موعد معه ولكننا توقعنا بأن لا نراه وتتحقق هذه الحالة فتكون مبنية على

أساس تنبؤ أكثر منها توقع.

- نقوم بتركيز السؤال المستقبلي الذي نستعلم عنه في عقلنا لمدة معينة, ثم في اللحظة التي نصل فيها إلى مرحلة التأكد من إرسال السؤال نفتح القاموس وننظر للكلمة التي نراها أولا ونحاول أن نربط معنى هذه الكلمة مع جواب السؤال و علاقته بالموضوع

2.5.3تمارين الرؤيا عن بعد: وتعتمد هذه التمارين على محاولتنا لرؤية أشياء خارج نطاق حاسة البصر لدينا وتوثيق التجارب الصحيحة بعد التأكد منها, وفيما يلي بعض من هذه التمارين

- نجلس قرب خارطة مفصلة لدول العالم ونحاول أن نعرف الطقس في بعض من عواصم ومدن العالم الآن, ثم نقارن توقعاتنا مع حالة الطقس التي تذاع في نشرات الأخبار أو التي تنشر في الجرائد حول نفس الوقت الذي توقعنا فيه
- نحاول النظر ليلا إلى القمر والنجوم ونسعى إلى رسم التضاريس في داخل كل منها والتي سوف نبدأ برؤيتها بعد مدة من التحديق في السماء

شكل (4,11) التضاريس القمرية

- في حالة ذهاب صديق لنا إلى مدينة أو منطقة بعيدة عن مكان إقامتنا فأننا نحاول تخيل ابرز معالمها ونصفها إلى الصديق بعد عودته لنتأكد من صحة رؤيتنا لتلك الأمكنة
- نجلس في احد الأمكنة المفتوحة ونبدأ بالتأمل فيما حولنا ثم نتخيل أنفسنا وقد طرنا في السماء, وإننا ننظر الآن إلى المكان الذي كنا نجلس فيه محاولين رؤية الأمكنة من الجو وكيف ستبدو لنا الزوايا والبناء في الجهات التي لا نراها من المكان الذي كنا نجلس فيه, ونشرع بوصف الأمكنة والتضاريس التي نراها من الجو ثم نحاول

الطيران إلى أماكن أخرى لنرى ونصف الأشياء المميزة التي نشاهدها في أثناء تحليقنا جواً.

ويجب أن نقوم بتكرار هذا التمرين لعدة مرات حتى يصبح عادة لنا في محاولــة رؤيــة الأشــياء البعيــدة أو المحجوبة عنا لكي تزداد قدرتنا في الرؤيا عن بعد لاحقاً مع كل نجاح نحرزه في هذا التمرين.

شكل (4،12) مدينة بغداد من الأعلى

4.5.2 تمارين الاستماع الخارق: وتعتمد هذه التمارين على محاولتنا لسماع أشياء خارج نطاق حاسة السمع لدينا وتوثيق التجارب الصحيحة بعد التأكد منها, وفيما يلي احد هذه التمارين

• في حالة حضور احد أصدقائنا أو أقاربنا إلى اجتماع عائلي أو ندوة معينة ونحن نعلم بها ولكن من دون أن نحضرها, نبدأ بمحاولة سماع كلمات ثم ترديدها في ذلك الاجتماع ثم نحاول أن نسأل صديقنا بعد عودته حول الكلمات التي قد سمعناها لنتأكد من قدرتنا في الاستماع الخارق, أو نحاول أن نستمع لبعض العبارات التي دارت في السوق بين احد أفراد الأسرة وبين البائع أو أي صديق التقى به في الطريق, وغيرها من محاولات الاستماع عن بعد حتى نصل إلى مرحلة نحاول فيها سماع النقاشات التي تدور حولنا بين أي شخصين وطبعاً سوف نستعين بحاسة فائقة أخرى في هذه الحالة وهي التخاطر.

84

2.6 تمارين السايكوكينيزيا: وتشمل تمارين السايكوكينيزيا الأستنتاجية وتمارين السايكوكينيزيا الواضحة وتمارين السايكوكينيزيا الاحيائية, وكما يلي

2.6.1 تمارين السايكوكينيزيا الأستنتاجية: وهي التمارين التي سوف نستنتج بموجبها تأثيرات قوانا في السايكوكينيزيا على إحداث تغيير في مجريات الحظ بمستواه الطبيعي والذي يقاس من خلال التحليل الإحصائي, وتمثل هذه التمارين مرحلة متقدمة في تطوير مهارات المتدرب ويجب تركها إلى حين تطور المهارات الباراسايكولوجية بمستوى عالي ومقبول, وكما يلي

- نتناول ثقل صغير منتظم من الجوانب (بندول) ونربطه بخيط طوله حوالي 30 سم ثم نمسك نهاية الخيط من الأعلى ونحاول أن نجعل البندول ثابتا, وبعد تيقننا من التثبيت لفترة كافية نبدأ بمحاولة تحريك البندول بواسطة قوانا في السايكوكينيزيا إلى الاتجاه الذي نقرره نحن ونقوم بتسجيل النتيجة لكل محاولة ثم نعيد الكره لتقليل الاحتمالية بعشوائية حركة البندول الناتجة من حركة عضلات اليد.

شكل (4،13) البندول

- نفتح صنبور الماء بفتحة قليلة جدا بحيث ينساب الماء منه على شكل خيط رفيع ونحاول أن نركز على خيط الماء لفترة كافية نشعر خلالها بأننا سوف نتمكن من تحريك هذا الخيط, ثم نبدأ بمحاولة تحريك الخيط إلى جهة معينة وفي نفس حالة التركيز
- نعلق منديل خفيف من القماش في الحديقة أو في مكان مفتوح حيث الرياح خفيفة ونبدأ بمحاولة تحريك المنديل إلى أحدى الجهات وربما تكون تقنيتنا بأننا نتصور هبوب ريح من الجهة المعاكسة لحركة المنديل.

- نأخذ قطعة النرد ونركز فيها على رقم معين ونحاول بعد ذلك أن نفرض واقع استقرار النرد على هذا الرقم بعد أن نقوم برميه رمية حرة, ونكرر العملية عدة مرات لكل رقم وفي الأخير نسجل نسبة النجاح الحاصلة من تقسيم عدد المرات الناجحة على عدد الرميات الكلية التي قمنا بها لكل رقم, وان ارتفاع هذه النسبة أكثر من 1\6 في المحصلة وبشكل كبير هو مؤشر بتدخل قوة السايكوكينيزيا.

شكل (4,14) النرد

- نشعل شمعة ونركز فيها لمدة من الزمن وبعد ذلك نبدأ بمحاولة تحريك لهب الشمعة باتجاه نقرره نحن.

2.6.2 تمارين السايكوكينيزيا الواضحة: وتمثل التمارين في هذه المجموعة أعلى ما تصله القوى الباراسايكولوجية في المهارة والتطور, وان نتيجة الحكم على هذه المجموعة من التمارين تكون آنية في نفس الوقت فلا يحتاج الكثير لنعرف بأن قوى السايكوكينيزيا قد قامت بتحريك بعض الأشياء الصغيرة أو بتكسير الزجاج والأقداح أو بتسخين الماء والى آخره, ونود أن نذكر بأن هذه المجموعة من التمارين تترك إلى حين تطور المهارات بشكل لافت وكبير وان نبدأ بمحاولات صغيرة جدا ونزيد من تعقيدها مع كل نجاح وإنجاز, كما ويمكن أن نعتمد على تقنية وضع الفكرة الخاصة بالأداء السايكوكينيزي في عقلنا إلى أطول مدة معينة مع اعتماد شروط أطلاق الطاقة الدماغية وتسخيرها لهذه الفكرة طوال هذه الفترة الزمنية سواء كانت دقائق أو أيام, وكما يلي

- نأخذ جزيئة صغيرة من الملح أو السكر ونضعها أمامنا على طاولة أو صحن غامق ثم نبدأ التركيز عليها لمدة كافية من الزمن نحاول خلالها أن نربط هذه الجزيئة مع تخيل وجود اتصال مادي نابع من عقلنا وان التغيير في مكان هذه الجزيئة ممكن إذا ما غيرنا منبع الاتصال المادي أو حاولنا تحريكه, وان هذا الوصف يمثل أحدى

التكتيكات التي نتبعها للقيام بمحاولة تحريك شيء ما ويجب أن نتذكر بأن الصبر والمحاولات المتكررة هو الطريق إلى النجاح.

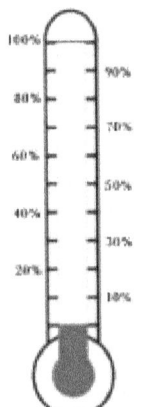

شكل (4,15) المحرار الزئبقي

- نجلب محرار زئبقي ونقرأ درجة حرارة الغرفة ثم نبدأ التركيز على مستودع الزئبق أسفل المحرار ونحاول تسخينه أو تبريده أكثر, ونلاحظ التغير في درجة الحرارة التي سوف يقرنها المحرار وأي تغيير ملحوظ هو نتيجة قوى السايكوكينيزيا لدينا.
- نأخذ خيط رفيع ونقطع منه جزأ ونضعه أمامنا ونبدأ بمحاولة ثني الخيط بعد التركيز فيه لمدة كافية, وتخيل أي تقنية مناسبة لتقوم بعملية الثني بناءً عليها.
- يمكن أيجاد عدد غير منتهي من التمارين المبنية على أساس قيام قوى السايكوكينيزيا لدينا بأجراء اتصال غير مادي مع أجسام صغيرة وكبيرة فيما حولنا, بل ويمكن أن نحاول بواسطة هذه القوى حتى تشغيل بعض الأجهزة الكهربائية أو الالكترونية ولكن وجب أن تترك هذه التمارين بمجموعها إلى آخر المطاف في تطور قوانا الباراسايكولوجية واكتمال الثقة بالقدرات, وان لا نبدأ بها.

2.6.3 تمارين السايكوكينيزيا الأحيائية: وتبنى معظم هذه التمارين مع محاولة إظهار التأثير الذي تحدثه قوى السايكوكينيزيا في الأجسام الحية بأنواعها, وفيما يلي نستعرض بعض من هذه التمارين

- في هذا التمرين سوف نحاول شفاء الآلام باعتماد آلية الشفاء بالطاقة, حيث نستعين بأحد الأشخاص الذين يشكون من الم في موضع معين من الجسد أو الرأس وندعوه إلى الاستلقاء على الأرض, ثم نبدأ بإغلاق أعيننا وتخيل ضوء ابيض ينشأ ببطء

من أخمص قدمنا وحتى يصل إلى أعلى الرأس وبعد ذلك نباشر بوضع أيدينا فوق المكان المتألم لدى الشخص الآخر ومع اتصال جسدي أو بدونه في حالات خاصة, ولكننا نركز في محاولة جعل الضوء الأبيض يدخل من خلال أيدينا إلى الجزء المتألم ليغسل كل شيء يمر فيه ويحوله إلى اللون الأبيض الناصع, كما وتوجه توصياتنا إلى الشخص المتألم بتخيل اللون الأبيض في كافة أنحاء جسمه وخاصة المنطقة التي يشكو منها. مع ملاحظة ان العلاج بالطاقة في معالجة آلام الرأس يتطلب أن يكون المعالج ذو خبرة ومعرفة في هذا المجال لأن عملية أطلاق طاقة باراسايكولوجية خارجية على رأس الإنسان سوف تؤدي إلى تحسس خلايا معينة منه وبالتالي قد تؤدي إلى تغيير في تركيبة هذه الخلايا أو وضيفتها, كما تؤثر الموجات الكهرومغناطيسية للهاتف الخلوي بخلايا الدماغ وتغير من تركيبها ولهذا وجب اخذ الحذر الشديد في تعريض الرأس إلى أي نوع من التجارب من قبل الهواة, وليس كباقي الجسم والذي هو عادة يستفيد من الطاقة الداخلة إليه ومن دون أن يتحسس كثيرا منها لبساطة خلاياه ولتحدد وظائفها أكثر من خلايا الدماغ, وان عملية الشفاء بالطاقة لا تقتصر على أطلاق اللون الأبيض نحو المنطقة المتألمة فقط وإنما هي تخضع لاطلاق مجموعة من الألوان وحسب أداء كل واحد منها, فكما هو معروف فأن اختلاف الأطوال الموجية للألوان يتبعه اختلاف في طاقة كل واحد منها عن الآخر, وإذا أردنا مثلاً تهدئة منطقة من الجسم فأننا وجب أن نستخدم لونا ذو طول موجي اكبر وبالتالي ذو تردد وطاقة اقل أما إذا أردنا تنشيط الدورة الدموية فأننا يجب أن نستخدم لونا ذو طول موجي صغير وبالتالي يكون ذو تردد وطاقة اكبر, وان الطول الموجي ليس هو المعيار فقط وإنما اختلاف تركيبة الناس عن بعضهم ويستدعي أن يكون الاختيار أيضا نابعاً من التجربة

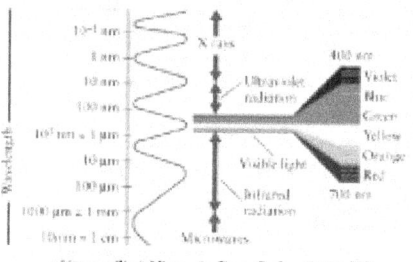

شكل (4.16) موقع الضوء المرئي من الطيف الكهرومغناطيسي

فمن خلالها سوف نعرف أي الألوان قد أثرت في الشخص الفلاني أكثر وأيها قد ساعد على تهدئته مثلاً أو تنشيط مناعته, وتكون الجلسة الأولى فقط باللون الأبيض بالنسبة للمعالج أما الجلسات القادمة فتكون بدايتها عادة باللون الأبيض وبعد ذلك نبدأ بإضافة الألوان ونختبر تأثير كل منها في جلسة منفصلة, هذا مع إبقاء اللون الأبيض يسري في جسم الشخص الخاضع للعلاج في كل الأحوال.

- نقترب من احد أفراد العائلة أو الأصدقاء وهو في حالة النوم العميق ومن دون أن يعرف ذلك مسبقا ونجلس قربه متأملين فيه بصمت وفي جسده الممدد, ثم نبدأ بمحاولة جعله يحرك احد أصابع يديه أو أن يحرك كامل يده أو قدمه أو أن نجعله يرمش ويفتح عينه من دون أن يستيقظ, ان هذا التمرين قد يكون باستخدام مهارتين من المهارات الباراسايكولوجية فأما نحاول أن نجعل هذا الشخص النائم يحرك يده أو قدمه بواسطة التخاطر معه وهو نائم, أو باستخدام مهاراتنا في السايكوكينيزيا الاحيائية سوف نتمكن من السيطرة على عضلات يده أو قدمه ونجعلها تتحرك, اما إذا كان مريضاً ويشكو من الم في احد أجزاء جسمه فنستطيع تطبيق التمرين الأول عليه في الاستشفاء بالطاقة لأن جسمه سوف يستجيب بشكل أقوى للسايكوكينيزيا عندما تكون وحدة المنطق نائمة لديه
- في هذا التمرين نقوم بجلب حشرة مثل فراشة أو دودة وبعد التركيز عليها لفترة نبدأ بمحاولة جعلها تسير إلى اتجاه نحدده نحن, ان بدائية الحشرات وعدم احتوائها على جهاز عصبي يجعل عملية التخاطر معها غير ممكنة وبالتالي فأن تسييرها إلى الاتجاه الذي نحدده نحن ينبع من قوانا في السايكوكينيزيا الاحيائية, وطبعا نقوم بتكرار التمرين عدة مرات لكل اتجاه نحدده لتقليل احتمالية الصدفة في اخذ مسار الحشرة.

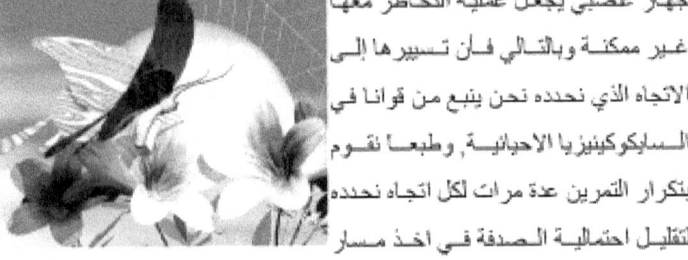

2.7 التمارين العامة ذات الفائدة المشتركة: وهي مجموعة التمارين التي نؤديها وتكون لها فائدة عامة في تقوية مهاراتنا الباراسايكولوجية وأجهزتنا الحسية والوعي, وتشمل تمارين تقوية الذاكرة وتمارين الصبر والتحمل وغيرها, وفيما يلي بعض من هذه التمارين

2.7.1 تمارين تقوية الذاكرة: لقد ازداد تعقيد العالم من حولنا وازدادت مسؤولياتنا واهتماماتنا ولم يعد باستطاعتنا أن نتذكر كل هذه الأمور بتفاصيلها وتنوعها, ويومياً تمر بنا مواقف تكون فيها قد نسينا بعض من التزاماتنا أو حوائجنا وفيما يلي بعض التمارين التي تساعد في تقوية الذاكرة وتنقيتها.

- نأخذ ورق وقلم ونبدأ بتذكر وبتسجيل مجريات الأمور التي مرّت بنا خلال 24 ساعة الماضية بكل تفاصيلها ونحاول حتى تسجيل المشاعر التي كنا قد أحسسنا بها خلال مجريات الأحداث التي مرّت, وبعد عدة أسابيع من تطبيق هذا التمرين وبزيادة نجاحنا في التذكر فاننا نبدأ بزيادة الفترة الزمنية إلى 48 ساعة وهكذا حتى نتمكن أخيرا من تذكر كل التفاصيل الصغيرة لمدة أسبوع على الأقل وبعد ذلك نحاول تذكر الأمور الأساسية التي مرت في الشهر الماضي بأسره .
- في هذا التمرين فإننا نقوم بمحاولة تسجيل أهم الأحداث في حياتنا وبأدق التفاصيل التي نتذكرها ونحاول أن نربط هذا الحدث مع تاريخه والأمور التي سبقته وهكذا حتى نصل لأبعد نقطة في مصدر الحدث المهم.

2.7.2 تمارين الصبر والتحمل: ان هذه التمارين نتعامل معها في كل يوم سواء في تحمل الألم الجسدي أو الضغط النفسي, وطبعا في استطاعة أي شخص أن يجرب ما شاء من تمارين التحمل والصبر وحسب اختياره. وفيما يلي بعض من هذه التمارين

- يقوم هذا التمرين باختبار قابلياتنا في التحمل الجسدي عن طريق أداء التمارين الرياضية التي نرغبها أكثر من غيرها ولكننا سوف نحاول أدائها بوقت أكثر من السابق وبمزيد من التحمل للألم في هذه المرّة
- في هذا التمرين فأننا نجرب الاستمرار في الصيام عن الطعام لأطول فترة ممكنة, وطبعا فأن فريضة الصيام في شهر رمضان المبارك يجب ان تطبق
- في هذا التمرين نحاول أن نبقى مستيقظين لأطول فترة ممكنة لنختبر مدى تحملنا وتحكمنا بالنعاس
- هذا التمرين يقوم على البدء بتخيل الأناس الذين نكرههم بشدة ونحاول ان نفكر بهم بايجابية وان نتخلص من مشاعر الحقد والكره تجاههم, ثم نقوم بإبداء مزيد من التحمل النفسي فنحاول أن نلتقي عمليا بالأصدقاء أو الأقارب الأكثر غلاظة, ونجرب أن نستمع إليهم من دون مقاطعة ومن دون أن نحاول أظهار مشاعرنا المنزعجة لهم وبالتدريج نحاول أن نمحي تأثير مشاعر الانزعاج من تفكيرنا بصورة كلية وان ننظر بايجابية إلى جميع الناس من حولنا وحتى الذين نكرههم أو نكره شخصيتهم.

انتهى